Pioneros del Marketing

Ana Calleja

Baltha Publishing S.L., 2018

2ª edición, 2024

ISBN: 978-84-944027-4-6

Impreso en España / *Printed in Spain*

Editado por Baltha Publishing S.L.

Imagen de portada Mikelaptev / 123RF Stock Photo

:

La autora quiere expresar su agradecimiento a

Shay, Ivan, Fran y Jota

por su apoyo y ayuda en la elaboración de este libro.

Introducción

El marketing, la "ciencia" de la mercadotecnia, tiene un desarrollo bastante más reciente que las matemáticas o la química, pero quizá no es tan moderno como pensamos. En este libro se desgranan varios ejemplos de ideas pioneras que fueron surgiendo a lo largo de la historia y que poco a poco se fueron desarrollando hasta formar el compendio de estrategias, técnicas y prácticas hoy llamadas marketing. La misión de este libro es mostrar los inicios de algunas tácticas que ahora son comunes, pero que en el momento en que se originaron fueron muy novedosas teniendo en cuenta el contexto económico y social donde surgieron.

Desde el nacimiento del comercio la mente del hombre ha pensado en vender más, vender mejor y llegar a más público. Después de siglos de negocios y emprendimiento han florecido muchas ideas, que nos dedicamos constantemente a reciclar, con mayor o menor arte: hay muchos principios y estrategias de marketing cuyo germen comenzó hace décadas, en algunos casos siglos.

En el mundo actual, con una media de impactos diarios sin duda muy superior al de los ciudadanos de principios de siglo XX, las marcas se esfuerzan por encontrar un camino hacía el *top of mind* del público, aunque muchas veces sigan usando, sin saberlo, estrategias que ya fueron probadas hace tiempo.

El "padre" de las Relaciones Públicas, Edward Bernays, o las estrategias pioneras de marketing de marcas centenarias como Citroën o Michelín, se mezclan en este libro con brillantes ideas surgidas de las cabezas de empresarios mucho menos conocidos, pero que también aportaron su granito de arena en la misión de convertir al público en cliente.

Hoy en día las marcas buscan maneras de conseguir tener un feliz matrimonio con sus consumidores: buscan sorprenderles, darles contenidos interesantes, expandir y subrayar su marca o mensaje a través de vehículos como películas o series, crear eventos que den a conocer su nombre, emocionarles, y por supuesto hacer todo esto de una forma innovadora. Pero en este libro podremos observar que esto mismo es lo que las marcas, comerciantes y empresarios llevan esforzándose por hacer desde hace ya mucho tiempo.

El ya nonagenario Philip Kotler, uno de los más destacados expertos del mundo en la práctica de la estrategia del marketing, considerado por muchos el padre del marketing moderno, declaró en el Fórum Mundial de Marketing y Ventas de 2004 que *"el marketing tal y como lo conocemos está acabado y tiene que evolucionar a algo mucho más acorde con nuestro tiempo, en que la inmediatez de la información y la segmentación total, han cambiado completamente nuestros hábitos de consumo"*. No podríamos estar más de acuerdo con un experto de este calibre. La productividad del marketing tradicional ha ido decayendo en las últimas décadas, a medida que el público se acostumbra a las diferentes estrategias y las conoce, al igual que el ojo entrenado en los últimos efectos especiales actuales en seguida descubre los trucos cinematográficos que hacían creen a los espectadores del King Kong de 1933 que un gorila gigantesco dominaba la pantalla, cuando en realidad era tan sólo un muñeco grabado en *stop motion*. Los anuncios tradicionales en televisión cada vez tienen menos impacto en la audiencia, y la forma de llegar al público ha cambiado de forma increíble desde esas declaraciones de Kotler de hace ya 20 años, que eran el vaticinio de un cambio total en la industria. Públicos como por ejemplo el segmento adolescente son ahora alcanzados a través de contenido en canales como Youtube, Twitch, TikTok o Instagram, inexistentes hace unos años. La resistencia de los consumidores a las formas "tradicionales" de marketing y su rechazo ante la publicidad invasiva hace que todas las premisas de la mercadotecnia tengan que revisarse, pero ¿no ha sido acaso así toda la vida? Las nuevas técnicas y estrategias, después de unos años, ya no funcionan, y por tanto se han de seguir reinventando nuevas formas de dar a conocer productos y generar negocio.

Este libro es un repaso de algunas historias ilustrativas de los diferentes hitos por los que ha pasado el marketing, historias de éxitos y también de fracasos, pero sobre todo historias de ideas surgidas de cabezas pensantes que en su momento innovaron. También es un incentivo para seguir haciéndolo hoy, pues todavía queda mucho por avanzar en este campo tan interesante y siempre en constante evolución. Y por qué no, una forma de pasar un rato entretenido en el que seguro habrá momentos en los que el lector se encontrará pensando "¡si es que está ya todo inventado!".

El Tour de Francia, una idea para vender más periódicos

Ya en el siglo XIX los periódicos franceses habían aprendido que organizar sus propios eventos deportivos, cuya información y resultados eran dados en exclusiva por el medio organizador, ayudaba enormemente a vender su producto.

Justo al comienzo del siglo XX el diario francés "Le Veló" (La Bicicleta), cabecera de referencia para los aficionados al ciclismo -deporte muy popular en la época- pasaba por algunas dificultades debido a que la inversión de los anunciantes había bajado. Además, Pierre Giffard, su director, insistía en ampliar la cobertura deportiva con comentario de la actualidad política, lo que había empezado a hacer merma entre parte de sus lectores. El momento álgido llegó cuando el propio Giffard escribió una editorial en el diario defendiendo la inocencia de Alfred Dreyfus, un asunto político delicado en la época, que dividió la opinión pública francesa en dos, y que se tradujo en una pérdida drástica de lectores del sector anti-Dreyfus[1]. Ante ese artículo de opinión editorial, varios de los anunciantes conservadores del diario, entre ellos los fabricantes de

---

[1] El "affaire Dreyfus" fue un asunto que dividió en dos la Francia de principios del siglo XX, causando encarnizados encuentros entre los bandos enfrentados. Alfred Dreyfus era un militar francés, judío, que fue acusado de espionaje y de vender información a los alemanes. Se le condenó a cadena perpetua bajo pruebas poco claras y evidentes manifestaciones de antisemitismo por parte de sus jueces. Francia se dividió entre el gobierno conservador, contra Dreyfus, y la oposición progresista, quien defendía su inocencia. Así que tanto si estabas en contra, o a favor, la mitad de Francia era tu enemiga.

ruedas Michelin y Clèment, o el fabricante de motores De Dion, dejaron definitivamente de insertar sus anuncios y decidieron fundar un diario deportivo alternativo, L'Auto, con el objetivo de superar en ventas a Le Veló. El exciclista, periodista deportivo y publicista de la marca de neumáticos Clèment, Henri Desgrange, fue nombrado editor del nuevo periódico.

Desde el primer día la competencia entre las dos cabeceras fue feroz, pero pronto se constató que el nuevo diario, L'Auto, no tenía el éxito esperado y sus ventas se mantenían bajas. En noviembre de 1902, uno de los periodistas que escribían para L'Auto propuso una idea a Desgrange como solución desesperada a la situación: organizar la carrera de bicicletas por carretera más larga hasta la fecha, un *tour* que diera la vuelta a Francia. Sería la carrera más larga y difícil nunca vista, y los pueblos saldrían a recibir a los héroes en cada etapa. Y toda la información y la cobertura del desarrollo de la competición sería dada en exclusiva por L'Auto.

Así nació el Tour de Francia, en 1903. Después de algunos ajustes en la duración y en la forma de participar, el evento tuvo lugar entre el 1 y el 19 de Julio, y se ofrecía el pago de los gastos a todos los que hicieran al menos 20km/h en todas las etapas. De ese modo, se animaba a participar al mayor número de ciclistas posible (en su mayoría amateurs, obreros, aventureros y desempleados). Se decidió el importe del premio final y también un premio por etapa: el ganador del Tour ganaría seis veces lo que ganaba un obrero en un año.

La promoción de la carrera y la expectación que creó en toda Francia fue enorme. Efectivamente, los pueblos salían a animar a los corredores, considerados "superhombres". La prueba se convirtió en una cita anual, las ventas de L'Auto se doblaron y el periódico enemigo, Le Veló, se vio obligado a cerrar en tan sólo un año.

La circulación de L'Auto siguió subiendo como la espuma año tras año: Con una tirada inicial de 25,000 ejemplares, llegó a 65,000 gracias a ese primer Tour. En 1908 ya era de 250,000 y en 1923 de 500,000 ejemplares. L'Auto organizó el Tour durante 50 años.

El diario cambió su nombre a L'Equipe durante la Segunda Guerra Mundial, y todavía se sigue editando hoy en día, ahora también en formato digital.

El hombre blanco de Colón

España, primeros años de la década de los 80. Todavía no existían las marcas blancas, y Colón era el rey de los detergentes. La lavadora era un electrodoméstico cada vez más común en los hogares y las mujeres dedicaban, gracias a este invento, un poco menos de tiempo a "sus labores".

El detergente en esa época no era concentrado como hoy en día, así que se compraba en voluminosos envases de cartón de 5 kg, con forma de tambor, y que todos los nacidos en esa década recordarán porque luego eran usados para guardar los juguetes o aporrear rítmicamente cual batería.

Esta marca de detergentes empezó a hacer un tipo de publicidad, importada de EE. UU., que aún no se había visto en España: recordemos aquél famosísimo y aún *presente "Busque, compare, y si encuentra algo mejor, cómprelo"*, una frase para la posteridad recitada en los anuncios de televisión de Colón por su director general en España en persona, Manuel Luque.

Pero incluso antes de este famoso slogan, Colón desarrolló una novedosa acción de marketing y comunicación llamada "El Hombre Blanco de Colón". La acción tenía dos partes, la primera consistía en la emisión de varios anuncios para TV donde el susodicho Hombre Blanco llamaba a la puerta de un hogar cualquiera y retaba al ama de casa correspondiente a un duelo de blancura, lavando ambos una prenda manchada: Ellas con su detergente habitual y él con Colón. Al final, por supuesto, ganaba Colón con su "blancura superior".

Estos anuncios se reforzaron con una campaña muy original en la época: A la vez que los anuncios se emitían en la televisión, había varios "Hombres Blancos" viajando en su furgoneta por toda España. Escogiendo pisos al azar en barrios populares, entraban en las casas y buscaban tambores de Colón, premiando con 2.000 pesetas (nada desdeñables en la época) a la dueña de cada tambor encontrado. Los Hombres Blancos se iban y dejaban a todo el barrio comentando la jugada durante días... un *trending topic* primitivo.

Una estrategia que podría ser propia de hoy en día, pero que, en los años 80, con la publicidad española casi en pañales, supuso una campaña impactante y revolucionaria en su momento.

La ley Bacardí

Don Facundo Bacardí Massó, catalán de nacimiento, fundó la destilería que tiene un murciélago por insignia en Santiago de Cuba en 1862. Desde la década anterior había experimentado con el proceso de destilación del ron a fin de conseguir refinar una bebida más suave. Tras dar con una fórmula satisfactoria, adquirió una antigua destilería para fabricar y vender el nuevo producto, Ron Bacardí.

En los últimos años del siglo XIX fue inventado el famoso coctel Daiquiri, hecho con zumo de lima, azúcar, hielo picado y Bacardí Superior. El nombre lo toma de la ciudad cubana de Daiquiri. En 1900 los soldados estadounidenses celebraron la victoria contra España en la guerra de Cuba con Bacardí mezclado con Coca-Cola, y la mezcla se llamó como su brindis, Cuba Libre. La invención de nuevos y refrescantes cócteles, que se ponían de moda en todo el mundo, eran un excelente vehículo publicitario. La entrada en vigor de la ley seca en EE. UU. en 1920 no hizo sino beneficiar a la marca, que dirigió sus publicidades en Norteamérica hacia el concepto de Cuba como un lugar paradisiaco donde el sediento americano podría apagar su sed a base de Daiquiris Bacardí, Mojitos Bacardí, Cuba Libres Bacardí o Bacardí con Bacardí. La marca ya estaba unida al país por un lazo de promoción mutua.

Cuba abrió sus puertas y las puertas de sus bares a miles de turistas americanos. En 1930 la capital de Cuba cambió su *skyline* con la inauguración de uno de los primeros rascacielos de La Habana, el

Edificio Bacardí (la construcción de rascacielos como grandes eventos promocionales era una corriente del branding de la época; en Nueva York se inauguró ese mismo año el edificio Chrysler, de la corporación de igual nombre, que con más de 300 metros marcaba un nuevo record mundial). En sus bajos estaba el Bar Bacardí, una joya ArtDecó a la que iban a beber y dejarse fotografiar todas las celebrities nacionales e internacionales de la época.

Bacardí dio en 1936 un golpe mediático más, pidiendo a la Corte Suprema de Nueva York la exigencia de que, cuando en un bar fuera ordenado un "Cóctel Bacardí" (zumo de lima, un toque de granadina y ron Bacardí), se elaborara obligatoriamente con ron de esta marca; Bacardí había detectado que muchos bares ponían rones más económicos en la receta que lleva su nombre y se revelaba contra ello. La Corte Suprema les dio la razón y Bacardí aprovechó toda la cobertura de prensa generada por el seguimiento del caso para hacer una enorme campaña de comunicación y publicidad en torno a la noticia. El *claim* era *"It's your right! Nothing can replace Bacardí"*, *"Your rights are now legally protected!"*[2] .

Pero tras la época de bonanza de la "ley Bacardí", vino un gran revés para la marca, cuando en octubre de 1960 el nuevo gobierno revolucionario de Castro confiscó todas las propiedades de la compañía en Cuba. La familia Bacardí había apoyado a los rebeldes, pero finalmente Castro decidió la nacionalización de la empresa. La familia tuvo que volar a Puerto Rico, donde ya tenían otra factoría, y abandonar la original de Santiago de Cuba. Por suerte pudieron conservar el nombre: *"Ni siquiera pensamos en registrar la marca Bacardí, así que la perdimos"*, se lamentaría Castro años después. *"Teníamos la fábrica que producía el ron Bacardí real, pero no pudimos conservar su nombre como tal"* (en estas instalaciones confiscadas se pasaría entonces a producir Havana Club, que se convertiría en el ron nacional cubano). Al final, el clan Bacardí logro sobreponerse, pues su crecimiento nunca paró aun estando fuera de su lugar de origen, y todavía le dio otra puntilla más a Castro: debido al embargo sobre los productos cubanos, el ron Havana Club no

---

[2] *"¡Es su derecho! Nada puede reemplazar un Bacardí", "Sus derechos están ya protegidos por ley".*

llegaba a Estados Unidos. En este país, la empresa Bacardí se apresuró a registrar y distribuir un ron bajo la misma marca, sin el permiso de la empresa propietaria de los derechos comerciales en Cuba. Los litigios por este hecho continúan hoy en día.

Una última curiosidad: la marca Bacardí perdió su tilde original convirtiéndose en Bacardi cuando se registró la marca en Puerto Rico, pensando en el mercado angloparlante.

Rumores de cine

La Semilla del Diablo (1968) fue dirigida por Roman Polanski y protagonizada por Mia Farrow, una actriz medianamente conocida entonces, no tanto por sus papeles en cine y TV como por su reciente matrimonio con Frank Sinatra (lo de Woody Allen vendría mucho después). Su muy pública y turbulenta relación con Sinatra acabó siendo el centro de una de las estrategias de venta de la película.

Primero, porque Frank había pedido a su esposa que abandonara su carrera para dedicarse a su matrimonio. El hecho de que Mia aceptara el papel le costó el divorcio: Sinatra se lo pidió a mitad de la filmación (y esto por supuesto fue convenientemente filtrado a la prensa). Las desavenencias de la pareja durante el rodaje fueron puntualmente retratadas en las revistas del corazón y la prensa sensacionalista de la época, lo que produjo una gran atención mediática sobre la película durante el rodaje, y a día del estreno era ya una de las producciones más esperadas incluso por sectores de la población que jamás habían mostrado por interés por las películas de suspense y terror.

Otro de los vértices de la promoción en torno al personaje de Mia Farrow fue el famoso corte de pelo que le hizo el peluquero-celebrity Vidal Sassoon para interpretar el personaje de Rosemary en la película. La prensa recibió una invitación para asistir a los estudios de la Paramount a lo que se suponía que sería una rueda de prensa sobre el filme. Al llegar se encontraron todo un original acto de presentación muy alejado de la rueda de prensa que esperaban: una enorme sala con un ring de boxeo en su centro a modo de escenario, y sobre él, el peluquero más famoso del mundo haciéndole un radical corte de pelo a Mia que -según fueron informados *in situ*- costaba 5.000 dólares, una enorme cantidad para la época.

No solo esta puesta en escena para su presentación a la prensa era audaz y original; aunque ahora ese corte puede ser de un estilo nada fuera de lo normal, en aquel momento era de lo más transgresor si tenemos en cuenta que en esa época el cabello femenino todavía se llevaba bien cardado, bañado en laca, y por supuesto largo. Este era el look que Polansky había decidido para la protagonista, y fue hábilmente transformado en un elemento más de comunicación. También, una vez más, corrió el rumor de que Sinatra montó en cólera al ver a su mujer con ese look de mujer liberada y moderna. Cierto o no, lo único seguro es que esto trajo aún más publicidad para la película, que se estrenó el 12 de junio de 1968. Durante ese mismo año y el siguiente, fue llegando a las salas de casi todo el mundo, convirtiéndose en un título de culto instantáneo, que obtuvo el favor tanto de la crítica como del público desde el primer momento.

El Juicio de París: un evento que cambió el mundo del vino

El inglés Steven Spurrier decidió en 1971 afincarse en París y abrir su propia *cave*, una tienda donde vendía vinos franceses con la novedad de que dejaba a los clientes catar el vino antes de comprar. Su tienda fue poco a poco obteniendo reconocimiento en la capital francesa, y Spurrier acabó abriendo también su propia escuela de sumilleres, colaboraba con revistas especializadas sobre vino y se iba haciendo un nombre en lo relativo a este sector. Regularmente hacía en su tienda eventos de promoción de los vinos de una determinada región, educando así en la cultura vinícola a muchos visitantes de la tienda y extendiendo el conocimiento sobre las variedades de vino francés y las diferentes zonas productoras.

Para promocionar su vinoteca y su escuela, ideó un evento que creyó que le reportaría buena cobertura mediática. Era 1976, el centenario de la independencia de EE. UU., y aprovechando sus buenos contactos entre los mejores catadores de Francia, invitó a una decena de ellos a hacer una cata ciega con los mejores vinos franceses y algunos vinos americanos que había conocido durante un viaje por California.

El objetivo del evento, más allá de que era seguro que ganarían los vinos galos, era atraer a la prensa y lograr cobertura sobre su negocio. La convocatoria de medios salió mucho peor de lo que esperaba, los periodistas no veían el interés informativo en una cata cuyo resultado era tan previsible, así que no hubo ninguna confirmación de asistencia de prensa. Spurrier, estresado como cualquier jefe de prensa con un evento a la vuelta de la esquina y sin confirmaciones de periodistas, decidió llamar al americano George Taber, un ex alumno de su escuela de vinos, que era corresponsal de la revista *TIME* en París. Le pidió que, por deferencia hacia su antiguo profesor, por favor asistiera a la cata.

Llegó el gran día, todo estaba listo. Los jueces, nueve personalidades del mundo del vino en Francia, llegaron al lugar elegido, el Hotel Intercontinental, muy cerca de la tienda de Spurrier. La cata sería a ciegas, es decir, sin que los jueces conocieran de antemano qué vino estaban probando, y cada vino recibiría una puntuación de 0 a 20. La lista de los vinos y el orden de cata fue dada únicamente a la prensa, es decir, a Taber, el único periodista asistente.

Se comenzó con la ronda de blancos. Algunos de los jueces comenzaron a hacer comentarios poco apropiados y con tono irónico en voz alta, del tipo "No tiene nariz, seguro que es estadounidense" o "¡Ah, de nuevo en la magnificencia de Francia!". Taber observaba divertido lo que estaba pasando.

Tras la cata de blancos se desveló la puntuación, y para sorpresa de los jueces la nota más alta pertenecía a un vino californiano. Se pasó a los tintos con igual resultado. El malestar de los jueces era obvio, intentaron incluso retirar sus calificaciones y atacaron a Spurrier como si fuera un traidor que hubiera preparado todo a propósito para descalificar los vinos galos.

Taber publicó el reportaje en *TIME*, con el resultado de un aumento gigante en las ventas del vino de california, gracias a la difusión de los sorprendentes resultados. A partir de la publicación de que no sólo se había equiparado, sino que había superado a los caldos franceses, la industria americana del vino tuvo un crecimiento ininterrumpido hasta hoy, convirtiendo a California y en particular a la zona de Napa Valley en uno de los referentes mundiales en producción de vinos de calidad.

Por otro lado, este "toque de atención" también fomentó que los productores franceses no se durmieran en los laureles del *savoir faire* de la vieja Europa e intentaran realizar mejoras en sus cosechas y tratamientos, lo que ha resultado en un aumento aún mayor de la calidad y competitividad de sus vinos desde esa fecha.

La peor parte se la llevó Spurrier, que, tras el revuelo, considerado un traidor por parte de las personalidades del vino en Francia, cerró su tienda de París y acabó volviendo a Gran Bretaña. Aunque poco le duró el disgusto. Gracias a su papel central en *El Juicio de París*, se convirtió en una figura mediática en el mundo del vino, escribiendo libros, dirigiendo cursos, siendo contratado como consultor por varias bodegas y como crítico estrella para revistas especializadas.

Heineken y las botellas cuadradas

Hoy en día el reciclaje y el desarrollo sostenible de productos está en boca de todos, pero en los años 60 aplicar este concepto era toda una novedad en el campo de marketing.

En 1960 el nieto del fundador de Heineken, y CEO de la empresa en aquel entonces, Freddy Heineken, tuvo una prometedora idea mientras visitaba la factoría de su cerveza en Curaçao, una pequeña isla caribeña perteneciente a la corona holandesa. Observó que muchas de las botellas acaban acumulándose en las playas de la isla debido a la poca concienciación de los habitantes en materia de reciclaje y también a la falta de infraestructuras para la devolución de las botellas a las plantas embotelladoras. Pensó que todo sería más fácil si las botellas vacías pudieran ser reutilizadas por la población. Tras valorar diferentes posibilidades, llegó a la conclusión de que las botellas, con alguna modificación práctica, podrían ser convertidas en material de construcción. Contó su idea al arquitecto holandés John Habraken, y le pidió que diseñara un envase para la cerveza que luego pudiera servir como ladrillo.

Durante tres años Habraken investigó en una evolución del diseño de la botella, hasta que dio con un resultado satisfactorio: sería un envase de vidrio ligero, estético, rectangular, pero de cantos redondeados, que a la vez podía usarse para hacer paredes, encajando unas botellas con otras. El cuello se hizo lo más corto posible, y encajaba perfectamente con un hueco en la parte de debajo de la siguiente botella. Se lo enseñó a Freddy Heineken y ambos convinieron en que gracias a esta idea serían mundialmente reconocidos como los pioneros del diseño ecológico, además de haber dado un paso hacia un mundo mejor. La invención situaría a Heineken en la mente de los consumidores como una marca que se preocupa por el bienestar de las personas.

La botella se bautizó como Heineken WOBO – (por "*World Bottle*"). La idea desde el punto de vista ecológico era buena, pero por diversas razones las botellas no pasaron la criba del departamento de marketing de Heineken: En los primeros prototipos no había una concordancia entre el coste de producción y el beneficio, en otros la imagen de la botella no coincidía con la idónea para el público objetivo... en el prototipo final simplemente tuvieron que rendirse ante la obviedad de que los consumidores preferían la botella cilíndrica, más fácil de sujetar.

Sólo hay dos estructuras en el mundo hechas con estas botellas (ambas son pruebas que se construyeron en Holanda, las WOBO nunca llegaron a producirse fuera), hoy en día los ejemplares de estos envases se han convertido en un caro objeto de coleccionista ya que se produjo una tirada muy pequeña.

En 2008 el diseñador industrial Petit Romain volvió a retomar la idea de las WOBO, creando la Heineken Cube, unas botellas más fáciles de apilar por su forma cúbica, con la intención de ahorrar espacio de almacenaje y por tanto costes. La idea sigue hoy en día en estado de prototipo. Parece que aún tendremos que esperar a que Heineken encuentre su botella cuadrada ideal, y que esta guste a los consumidores.

La señal publicitaria más grande del mundo

Gustave André Critroën fue sin duda un auténtico pionero del marketing y de la gestión empresarial moderna, que no sólo consiguió implantar el rentable modelo de producción de Ford en Europa, expandiendo el acceso al automóvil a más estratos de la sociedad y todo lo que esto significó, sino que tuvo invenciones auténticamente brillantes para promocionar su marca.

Tras haber gestionado con mucho éxito una fábrica de producción de armamento durante la I Guerra Mundial, funda la fábrica de automóviles Citroën en París en 1919. Fue uno de los primeros empresarios en darse cuenta de la importancia de la publicidad, y así lo demostró con varias acciones y eventos dirigidos a dar a conocer la marca Citroën y extender su prestigio por el mundo.

Decidió por ejemplo crear una pequeña división dentro de su fábrica en la que se fabricaran juguetes, pequeñas réplicas de los coches Citroën, para que los niños jugaran (o los mayores los coleccionaran), instaurándose así Citroen como una marca aspiracional en la mente de los niños. También fue el primero en hacer espectaculares test de prueba de sus coches −llevándolos al desierto, tirándolos por un barranco...-para probar al público la eficacia de sus motores y carrocería, y lograr acaparar la atención mediática.

En 1922 organizó una travesía del Sáhara para probar la resistencia de sus primeros todoterreno, invitando a la prensa a unirse al viaje.

En 1924 organizó la *Croisiere Noire* (la Expedición Negra, por el continente africano), de la que hablaremos más en el siguiente capítulo, que fue seguida en 1931 por la Cruzada Amarilla (travesía por Asia) y por la Cruzada Blanca (por Alaska). Estos fueron viajes expedicionarios con coches Citroën preparados para terrenos difíciles, que sirvieron para recoger interesantes datos científicos y antropológicos además de para reportarle buena cobertura de medios en la época.

En 1925 se le ocurrió la "brillante" idea de iluminar la Torre Eiffel de noche, con las letras de su marca a lo largo de la estructura, para lo que se usaron más de 125.000 bombillas (circula también la cifra de 250.000, probablemente "hinchada" para ser más espectacular y por tanto más susceptible de ser noticia). Convirtió así al símbolo de París en la señal publicitaria más grande del mundo.

Consiguió también que personalidades de la época visitaran su fábrica, consiguiendo gracias a esos personajes aparecer una y otra vez en los medios. Él mismo definía sus cuarteles generales como "la fábrica más bella de Europa", fomentando así que fuera incluida en las guías turísticas (como hoy en día lo es la fábrica de Heineken en Ámsterdam, u otras fábricas originales de grandes marcas, que se han convertido en una visita obligada más de algunas ciudades), lo que contribuía a "crear marca".

Uno de los visitantes ilustres de su fábrica fue Charles Lindbergh, el primer piloto que cruzó en solitario el Atlántico sin escalas desde Nueva York hasta París, un auténtico héroe y celebridad de la época. Cuando aterrizó en la capital francesa, Lindbergh declaró que en el último tramo de su vuelo se guió gracias a la magnífica iluminación de la torre Eiffel (las letras de Citroën). ¡Qué más podría desear un publicista!

André Gustave Citroën patrocinó también la iluminación y reparación de varias plazas de París -entre ellas la famosa Plaza de la Concordia- y donó dinero para la reconstrucción de la iglesia de Saint Christophe. Murió en 1935, ese día se apagaron en señal de luto las luces de las letras de Citroën de la torre Eiffel para nunca más volverse a encender.

Gustave André Critroën fue sin duda un auténtico pionero del marketing y de la gestión empresarial moderna, que no sólo consiguió implantar el rentable modelo de producción de Ford en Europa, expandiendo el acceso al automóvil a más estratos de la sociedad y todo lo que esto significó, sino que tuvo invenciones auténticamente brillantes para promocionar su marca.

Tras haber gestionado con mucho éxito una fábrica de producción de armamento durante la I Guerra Mundial, funda la fábrica de automóviles Citroën en París en 1919. Fue uno de los primeros empresarios en darse cuenta de la importancia de la publicidad, y así lo demostró con varias acciones y eventos dirigidos a dar a conocer la marca Citroën y extender su prestigio por el mundo.

Decidió por ejemplo crear una pequeña división dentro de su fábrica en la que se fabricaran juguetes, pequeñas réplicas de los coches Citroën, para que los niños jugaran (o los mayores los coleccionaran), instaurándose así Citroën como una marca aspiracional en la mente de los niños. También fue el primero en hacer espectaculares test de prueba de sus coches –llevándolos al desierto, tirándolos por un barranco...-para probar al público la eficacia de sus motores y carrocería, y lograr acaparar la atención mediática.

En 1922 organizó una travesía del Sáhara para probar la resistencia de sus primeros todoterreno, invitando a la prensa a unirse al viaje. En 1924 organizó la *Croisiere Noire* (la Expedición Negra, por el continente africano), de la que hablaremos más en el siguiente capítulo, que fue seguida en 1931 por la Cruzada Amarilla (travesía por Asia) y por la Cruzada Blanca (por Alaska). Estos fueron viajes expedicionarios con coches Citroën preparados para terrenos difíciles, que sirvieron para recoger interesantes datos científicos y antropológicos además de para reportarle buena cobertura de medios en la época.

En 1925 se le ocurrió la "brillante" idea de iluminar la Torre Eiffel de noche, con las letras de su marca a lo largo de la estructura, para lo que se usaron más de 125.000 bombillas (circula también la cifra de 250.000, probablemente "hinchada" para ser más espectacular y por tanto más susceptible de ser noticia). Convirtió así al símbolo de París en la señal publicitaria más grande del mundo.

Consiguió también que personalidades de la época visitaran su fábrica, consiguiendo gracias a esos personajes aparecer una y otra vez en los medios. Él mismo definía sus cuarteles generales como "la fábrica más bella de Europa", fomentando así que fuera incluida en las guías turísticas (como hoy en día lo es la fábrica de Heineken en Ámsterdam, u otras fábricas originales de grandes marcas, que se han convertido en una visita obligada más de algunas ciudades), lo que contribuía a "crear marca".

Uno de los visitantes ilustres de su fábrica fue Charles Lindbergh, el primer piloto que cruzó en solitario el Atlántico sin escalas desde Nueva York hasta París, un auténtico héroe y celebridad de la época. Cuando aterrizó en la capital francesa, Lindbergh declaró que en el último tramo de su vuelo se guió gracias a la magnífica iluminación de la torre Eiffel (las letras de Citroën). ¡Qué más podría desear un publicista!

André Gustave Citroën patrocinó también la iluminación y reparación de varias plazas de París -entre ellas la famosa Plaza de la Concordia- y donó dinero para la reconstrucción de la iglesia de Saint Christophe. Murió en 1935, ese día se apagaron en señal de luto las luces de las letras de Citroën de la torre Eiffel para nunca más volverse a encender.

La Expedición Negra de Citroën

En 1924 André Citroën, fundador de la marca que lleva su apellido, organizó una sorprendente aventura que le reportaría no poca repercusión en medios: la primera travesía de Norte a Sur del continente africano en automóvil. El objetivo, promocionar la marca Citroën con un evento de alcance mundial.

Varias expediciones se habían intentado ya a través de África aunque sin resultado positivo debido a las averías de los automóviles y las malas condiciones del terreno. André Citroën, viendo el potencial mediático de hacer algo pionero, intentó vencer todas estas dificultades con el diseño de un tipo especial de vehículo, embrión de los 4x4 actuales, que le permitiera coronar una expedición exitosa.

La primera travesía organizada por Citroën, una primera toma de contacto con el continente africano, atravesando el Sáhara, tuvo lugar en 1922. Por aquel entonces la marca mantenía una dura competencia con Renault, que también organizó su propia expedición con notable éxito, lo que llevaría a André Citroën a plantearse una expedición mucho más grande, ambiciosa y definitiva: atravesar, de norte a sur, todo el continente africano. El proyecto se bautizó como *Le Croisière Noire* (la Expedición Negra).

Esta se ideó con la finalidad de conseguir una extraordinaria repercusión mediática para los automóviles de la casa Citroën, publicitándose como una aventura también científica, con la misión de recolectar datos científicos y abrir nuevas vías de comunicación en el continente.

La expedición, formada por 17 hombres y 8 coches, partió el 28 de octubre de 1924 de Bechar (Argelia) y terminó ocho meses después en Madagascar, destino propuesto por el presidente de la República, que quería dar a conocer la isla –colonia francesa en la época- y sus posibilidades comerciales y turísticas.

Los vehículos de Citroën cumplieron las expectativas. El 14 de diciembre la caravana alcanzó el lago Chad y desde allí, siempre pasando por territorio colonial francés, alcanzó el lago Victoria. En ese punto la expedición se dividió en grupos de dos vehículos, que harían diferentes rutas hasta volver a encontrarse en Madagascar. A su término, los diferentes grupos habían pasado por territorios tan poco explorados en la época como Kenia, Zanzíbar, el lago Tanganica, Mozambique o el desierto del Kalahari, viviendo cientos de aventuras. La *Croisière Noire* tuvo una continua cobertura mediática durante sus ocho meses de duración, *y* llevó a Francia infinidad de útiles datos sobre África, además de diarios de viaje, dibujos, miles de fotografías y más de 20.000 metros de película cinematográfica que fueron ampliamente difundidos por los medios de la época durante los meses posteriores.

Los vehículos de Citroën habían recorrido 28.000 kilómetros en total, cruzando selvas, desiertos y sabanas; La *Croisière Noire* se convirtió en la travesía por tierra más popular de las primeras décadas del siglo, y reportó una gran publicidad para Citroën y su imagen de vehículos fiables.

Tras esta expedición, André Citroën repitió la experiencia, organizando en 1931 la *Croisière Jaune* (Expedición Amarilla), que esta vez atravesaría Asia y más tarde, una *Croisière Blanche* en Alaska . La marca enamoró al mundo de principios del siglo XX con sus relatos de aventuras a bordo de un Citroën.

Lucky Strike y la teoría del color

Si todavía hoy nos asombran las negociaciones de diferentes marcas para acabar renombrando espacios o eventos tan conocidos como la liga de futbol, un teatro, una estación de metro o un estadio, nos sorprenderá aún más saber que Lucky Strike ya en 1928 tenía "The Lucky Strike Dance Hour", un espacio musical semanal en la NBC donde la Lucky Strike Dance Orchestra tocaba las canciones que Broadway ponía de moda mientras el locutor, entre canción y canción, hablaba de las películas o producciones teatrales del momento, subrayando siempre que podía que sus actores fumaban la marca patrocinadora e incluso citando textualmente frases de estos mismos alabando estos cigarrillos. Los actores Gary Cooper, Hedy Lamarr y Douglas Fairbanks o celebridades como la aviadora Amelia Earhart fueron algunas de las personalidades de la época que recomendaban fumar Lucky.

Fue en este programa donde empezó a radiarse el slogan de Lucky de la época; *"Reach for a Lucky instead of a sweet"*[3], que animaba a la audiencia a mantener la línea fumando en vez de picando entre horas.

Tiempo después Lucky comenzó a tener otro espacio radiofónico, esta vez de media hora diaria, llamado "Your Lucky Strike". Este era un concurso de talentos al que se presentaban cantantes desconocidos buscando ser lanzados al estrellato. Gracias a este tipo

---

[3] "Coge un Lucky en vez de un dulce"

de acciones y a su gran inversión en publicidad, la marca era extremadamente popular.

Sin embargo, a mediados de los años 30 comenzó a notarse un preocupante descenso del consumo de Lucky entre las mujeres. Habían aparecido en el mercado otras marcas con un packaging más femenino, o de una estética más neutra; los Luckys se presentaban en una cajetilla verde que no terminaba de gustar a las féminas, encontrando este color demasiado masculino.

Como el verde era el color distintivo de la marca, y cambiarlo era una maniobra de *rebranding* demasiado arriesgada, el pionero de las RR.PP. Edward Bernays ideó para Lucky Strike lo que hoy sería muy parecido a una campaña con *influencers*. Propuso a varios diseñadores de moda y editores de revistas que promocionaran el color verde es sus colecciones o editoriales de moda con la esperanza de cambiar así la imagen de este color en la mente femenina, facilitando además a los medios resultados de estudios e investigaciones que hablaban sobre las implicaciones psicológicas positivas del color verde

Dentro de esta campaña estratégica se ideó la "Green Ball", un glamuroso baile de gala que tuvo lugar en 1934 en el hotel Waldorf Astoria de Nueva York, al que asistieron muchos famosos de la época y jóvenes debutantes de las mejores familias de la ciudad, un evento muy atrayente para los medios de sociedad, donde todo, desde las ropas de los asistentes o el menú de la cena hasta los cócteles o las joyas, eran obligatoriamente verdes.

La novedosa estrategia para poner de moda el color verde dio buen resultado durante un tiempo, pero al cabo de unos pocos años de nuevo la pérdida de consumidoras era notable. Finalmente quedó claro que el cambio drástico de color era necesario, pero ¿cómo hacerlo? Tras muchas reuniones, se ideó un magnífico *storytelling:*

En 1942, con EE. UU. ya participando en la II Guerra Mundial, Lucky Strike anunció que cambiaba el color de sus paquetes a blanco para colaborar en el esfuerzo de la producción armamentística por el que estaba pasando el país. El color verde se hacía con cromo, y la directiva de la marca declaró que dejaba de usar este color para ahorrar en este material, esencial en la industria de guerra. Este cambio, acompañado y subrayado por el slogan *"Lucky Strike has gone to war"*[4], sirvió para ganarse la simpatía de los estadounidenses y para definitivamente cambiar en la mente de los consumidores el color que hasta entonces había sido el emblema de la compañía.

Los soldados estadounidenses participantes en la II Guerra Mundial se encargarían de extender la fama de los patrióticos Lucky Strike en todo el mundo. Las cajetillas blancas, junto una campaña de marketing con anuncios diferentes dependiendo del *target* de la publicación -para conquistar tanto a unos como a otras-, ganarían la batalla a la competencia.

---

[4] "Lucky Strike se ha ido a la guerra"

Los inicios del marketing olímpico

Cada cuatro años, durante los Juegos Olímpicos, los medios se llenan de noticias sobre el desempeño de los atletas, la suma del medallero patrio, y bonitas historias de superación y esfuerzo por parte de deportistas de todo el mundo. La enorme cobertura mediática que generan es un goloso pastel para las marcas dirigidas al gran consumo, que se disputan, a golpe de talonario, un lugar visible en este gran evento deportivo.

Ya en los Juegos de Estocolmo en 1912 se vendieron por primera vez los derechos de la exclusiva para tomar fotografías de las competiciones y fabricar objetos de recuerdo y conmemoración (los platos decorativos eran por aquel entonces el souvenir estrella, seguidos de sellos, postales y medallas de metal). En 1920 (JJ.OO. de Amberes) se empezó a incluir publicidad en las páginas del programa de mano, y en París (1924) se permitieron, por primera y única vez en la historia, vallas publicitarias dentro de los lugares oficiales de competición[5]. Estos fueron también los primeros juegos

---

[5] Si bien el Comité Olímpico tiene un programa de patrocinadores, los logos de estos no pueden estar presentes dentro de los lugares de competición, que debe estar libre de distracciones y posicionamientos publicitarios, dando todo el protagonismo a los atletas. Los patrocinadores si pueden, en cambio, usar el logotipo olímpico en sus campañas y cada *sponsor* tiene el monopolio en su ramo de negocio. Esto significa, por ejemplo, que Coca-Cola (y sus marcas asociadas) es el único refresco que se vende.

que hicieron oficial el símbolo olímpico de los cinco anillos entrelazados, grabándolo en las medallas de esa edición.

En los siguientes juegos, Ámsterdam 1928, la publicidad dentro del estadio fue prohibida por el Comité Olímpico Internacional (COI), obligando a que las competiciones se celebren en estadios o recintos libres de todo tipo de vallas publicitarias, regla que sigue rigiendo hoy en día. Sin embargo, se siguió comercializando la publicidad en el programa de mano y se introdujo el sistema de vender los derechos para ofrecer bebidas o comida dentro de los lugares de competición, comenzando así el acuerdo con la marca que luego se convertiría en el sponsor que más tiempo lleva unido a las Olimpiadas: Coca-Cola. Las botellas de refresco llegaron en el mismo barco que los atletas olímpicos americanos, y se vendían en un kiosco rojo, con la marca bien visible, que se construyó fuera del estadio Olímpico, permitiendo a los asistentes a las competiciones probar esa bebida que ya era muy popular en Estados Unidos, pero no tanto en Europa. La marca lleva ya casi un siglo de relación con los juegos Olímpicos en calidad de sponsor.

Los juegos de la Alemania de Hitler (1936) fueron los primeros a los que entraron cámaras de televisión, y en los de Londres en 1948 ya se puso precio a los derechos de emisión (aunque en este caso sólo emitió la BBC y el COI "le perdonó" la cuenta a pagar por los difíciles momentos económicos que la cadena vivía). A partir de ese año la emisión se negociaría con cada una de las cadenas que desearan imágenes de las competiciones, lo que suponía una buena fuente de ingresos a revertir luego en la organización de los Juegos. También se abrieron las puertas a compañías nacionales e internacionales para ser las proveedoras oficiales de todo lo necesario para el evento, desde los cronómetros, a la decoración floral de los pódiums o sábanas para la villa olímpica. Las marcas suministraban sus productos y servicios gratuitamente o con una sustancial rebaja al COI, a cambio de comunicación y de la presencia de la marca ante una audiencia cada vez más grande y planetaria. Lo que en 1952 era aún un reducido grupo de 11 marcas o compañías, vería un crecimiento enorme en las siguientes citas olímpicas; en Tokio (1964) eran ya 250 marcas las que tenían derecho y exclusividad sobre una determinada categoría de producto. Como curiosidad, en ese año la categoría de tabacos todavía era permitida (la sponsorización de los JJ.OO. por parte de marcas de tabaco fue prohibida finalmente en 1984), y generó más de un millón de dólares de la época a través de la marca *Olympia*.

Otra de las marcas con una relación más longeva con los juegos ha sido McDonald's, que en 2017 rompió su acuerdo de patrocinio después de más de 40 años como Sponsor Oficial. Patrocinador desde 1976, ya tuvo un contacto anterior en una magistral maniobra de marketing, durante los Juegos de invierno en Grenoble (Francia) de 1968: Algunos de los deportistas americanos declararon que "echaban de menos la comida americana" y los de McDonald's aprovecharon brillantemente el ataque de morriña de los atletas para enviarles rápidamente, por vía aérea y con todo el ruido mediático posible, hamburguesas para todo el equipo nacional. En 1996 se convirtió en el restaurante oficial de los JJOO de Atlanta, una categoría que nunca había sido vendida a una marca con presencia en todo el mundo, consiguiendo gran publicidad y también polémica, debido a la diversidad de opiniones sobre si era saludable o no que los deportistas comieran menús de ese tipo.

El número de empresas tanto participantes como licenciatarias, sponsors o partners no ha parado de crecer exponencialmente en cada nueva cita olímpica, lo que deja claro que los JJ.OO. forman un excelente escaparate para sus productos o servicios, permitiéndoles llegar a una audiencia de millones de personas en todo el mundo.

Mercado negro

En este capítulo hablaremos de dos personajes, pioneros en el marketing y la comunicación de principios del siglo XX, con dos puntos en común: el color de su piel y el haber entendido que las diferencias étnicas también hay que cuidarlas en pos del negocio: dirigir acciones específicas de marketing a un target concreto puede hacer que ese sector de la población lo prefiera sobre otros productos que apuntan en su comunicación a un público más amplio.

La primera, por orden de aparición en la historia, será la señora C.J. Walker (mujer, negra, empresaria, y toda una auténtica pionera, una combinación sorprendente a finales del siglo XIX). Fue el primer miembro de su familia en nacer libre, en Luisiana, 1867, y tras una vida llena de avatares acabó convirtiéndose en la primera mujer afroamericana millonaria por méritos propios, haciendo su fortuna gracias a la fabricación y comercialización de su propia línea de productos de belleza para piel y cabello dirigidos a personas negras. La señora Walker trataba sus problemas capilares con sus propios remedios caseros. Como muchas mujeres negras de la época, sufrió la caída de su cabello y problemas en el cuero cabelludo debido principalmente a una dieta deficiente, escasos hábitos de higiene y productos como sosa cáustica, que eran incluidos tanto en los jabones para lavar la colada como en los de la limpieza del cabello. Tras trabajar ella misma para una empresa de productos capilares, decidió lanzar sus propias fórmulas, aplicando lo aprendido. El primer artículo que comercializó fue un champú que resultó ser todo un éxito. Hasta entonces escaseaban los productos específicos dirigido al pelo característico de las personas negras, y más aún, los anuncios ignoraban totalmente a este sector de la población, o la ridiculizaban y presentaban como personajes cómicos y secundarios. "El negro analfabeto y gracioso" era su único papel.

Pronto estableció la venta por correo de sus artículos -una forma de venta muy conveniente en un territorio tan amplio como Estados Unidos-, viajó por todo el país buscando nuevos puntos de distribución, y fundó escuelas para vendedoras, entrenando a otras mujeres negras en técnicas comerciales que les facilitaran salir de la pobreza montando sus propios negocios de venta de productos C.J. Walker en franquicia. Además, hacía una importante inversión en publicidad en medios dirigidos a la población negra, los cuales le permitían dar a conocer el producto entre sus potenciales consumidores. La señora Walker tenía un magnífico ojo comercial y sabía qué era lo que querían oír sus clientes: querían respeto y ser tratados como iguales.

La señora Walker tuvo mucha importancia en el activismo por los derechos civiles de su época. Durante toda su vida donó grandes cantidades de dinero a escuelas, orfanatos y organizaciones en ayuda de los negros. También ayudó a grandes profesionales negros a posicionarse en un mundo de blancos. Valga como ejemplo que encargó el proyecto de construcción de su millonaria casa al único arquitecto negro colegiado de Nueva York, proporcionándole así gran publicidad.

Y aquí una de sus frases, llena de orgullo empresarial: *"Soy una mujer que salió de los campos de algodón del sur. De ahí me ascendieron al lavadero, y de ahí a la cocina. Y de ahí me ascendí yo misma al negocio de fabricar productos capilares... construí mi propio camino"*.

A la hora de su muerte, sus productos habían traspasado fronteras vendiéndose no sólo en EE. UU., también en Cuba, Haití, Puerto Rico, Jamaica y Panamá. En su testamento dejó dos tercios de sus futuras ganancias a la caridad y a su legado. Cuando murió era considerada la mujer afroamericana más rica de EE. UU.

El siguiente personaje es Moss Kendrix, nacido apenas dos años antes de la muerte de la Señora Walker. Kendrix se convertiría en un pionero de las RRPP por entender y demostrar que los negros de Estados Unidos estaban siendo ignorados por el mercado, cuando en realidad constituían un perfecto público para miles de productos: querían ser consumidores, pero no se les prestaba la atención debida.

A pesar de los esfuerzos de la señora Walker, veinte años después de su muerte todavía la mayor parte de las marcas seguían sin ver una oportunidad de mercado en este segmento de la población. Hoy en día en todo anuncio internacional vemos actores negros o asiáticos, siendo de hecho casi obligatorio colocar personas de diferentes etnicidades en anuncios de productos de gran consumo como McDonald's o Coca-Cola. Esta última marca, en cambio, a mediados del siglo XX todavía no se planteaba siquiera que una persona negra pudiera o quisiera comprar una botella de refresco, ignorando el hecho de que en la década de los 50 la población negra por fin empezaba a tener mayor acceso a los estudios, a mejores trabajos y, por lo tanto, a más poder económico. Moss fue el responsable de hacer ver a Coca-Cola que estaba ignorando a 40 millones de potenciales clientes.

Periodista de profesión, Kendrix había fundado en 1941 una agencia de relaciones públicas llamada The Moss Kendrix Organization. Tras conseguir la atención de Coca-Cola, les presentó una propuesta para conseguir que la bebida entrara con buen pie en la sociedad afroamericana. Esta propuesta fue revolucionaria porque nunca en el mundo occidental se había orquestado una campaña de RRPP de un producto de gran consumo -es decir, no específico para este sector de población, como eran los productos de la señora Walker- hacia personas que no fueran blancas.

La campaña, que también por supuesto incluía hacer nuevos anuncios de Coca-Cola mostrando personas negras disfrutando del refresco, o contratar más comerciales negros, destinaba gran parte del presupuesto a diferentes acciones de RRPP muy innovadoras. Entre otras, hubo un concurso para aspirantes a la lista de los "12 ciudadanos negros más influyentes en América", la creación del *Club*

Jackie Robinson –un bateador negro famosísimo en la época- de jóvenes ciudadanos, y unas becas Coca-Cola para educación de jóvenes afroamericanos sin recursos.

Los frutos de la campaña fueron muy positivos; el grupo de consumidores de Coca-Cola negros jóvenes aumentó considerablemente en un primer momento, ya que la campaña iba directamente dirigida a ellos, y estos "arrastraron" de forma secundaria a sus padres. Moss había conseguido un hito en la historia, que la población negra fuera considerada una importante parte del mercado de consumo. Pronto sería contratado por otras empresas como Ford, la National Dental Association o Carnation Milk, una popular marca de leche, para replicar esta estrategia.

Las aportaciones de personas como la señora Walker o Moss Kendrix hicieron ver a las grandes corporaciones que la sociedad afroamericana también tenía preferencias, ganas de consumir, y capacidad económica, pero había que prestarles atención y dirigir las campañas también hacia ellos si querían convertirlos en sus clientes.

Patrocinio en el circo romano

En la época clásica de Roma, la ciudad se veía cubierta de las *Acta Diurna*, una hoja de noticias en formato cartel, que se publicaba diariamente y se colocaba en distintos lugares de acceso público del Foro. En ellas se podían leer (la población analfabeta se acercaba para oír a alguien leer en voz alta) los resultados legales y edictos, o noticias de sociedad como bodas, nacimientos, muertes, sucesos y rumores de interés popular. También aparecían algunos avisos publicitarios, como, por ejemplo, ventas de grandes lotes de esclavos, o la programación de próximos espectáculos teatrales o circenses, los entretenimientos sociales más importantes de la época, que suscitaban gran interés y eran gratuitos.

El pueblo romano llegó a disfrutar de hasta 175 festividades al año, es decir, casi uno de cada dos días. Los motivos para celebrar solían ser religiosos, y las celebraciones eran pagadas habitualmente por el emperador, quien ejercía así de patrocinador. Cada nuevo emperador inventaba nuevos festivos a fin de tener contento al pueblo, pues sabían bien que crear nuevos días de fiesta, con ofrendas, espectáculos y celebraciones, era una de las herramientas para mantener tranquila a la gran población de la capital del Imperio y tenerla a su favor. Ya en la antigüedad habían constatado que en una comunidad con la gente entretenida y bien alimentada hay menos quejas contra la gestión del gobernante, surgen menos revueltas y la imagen de los políticos cuenta con una opinión pública más positiva. Todos los gobernantes, por tanto, quería impresionar con sus espectáculos y que estos quedaran en el recuerdo de los ciudadanos. *Panem et circenses* (literalmente «pan y circo») es una locución latina todavía en uso que describe la práctica de un gobierno que, para mantener tranquila a la población u ocultar hechos controvertidos, proporciona a las masas alimento y entretenimiento.

Para la posteridad ha quedado festejos como el que el emperador Tito organizó para inaugurar el Coliseo romano: 100 días de circo que incluyeron casi diez mil bestias sobre la arena provenientes de todos los puntos del imperio (toros, leones, panteras, elefantes...), representaciones mitológicas, emocionantes combates de gladiadores, e incluso una naumaquia. Augusto por su parte ofreció un espectáculo durante su gobierno que duró ocho días seguidos, en el que participaron diez mil gladiadores, y donde hubo vino y carne asada para todos los asistentes. Todo gratis para el pueblo romano.

No sólo era importante la magnanimidad del evento y su gratuidad. Para afirmar el favor del pueblo también era importante contar en estas fiestas con la presencia física del emperador, esta era una forma de mostrarse cercano a sus ciudadanos. Se situaba a la vista de todos, viendo el espectáculo con ellos: al aparecer en el palco, todo el anfiteatro, teatro o circo se levantaba para aclamar al patrocinador gracias al cual tenía entretenimiento gratuito. En estas ocasiones el pueblo también tenía permitido hacer peticiones y formular quejas, como, por ejemplo, pedir la destitución de algún jurista, al igual que hoy se hace a voz en grito en los estadios de fútbol con los entrenadores. Se acercaba así la imagen del emperador al pueblo, mostrándolo cercano, afable y benefactor. Augusto fue el que mejor manejaba esta técnica de las relaciones públicas pues no sólo hacía acto de presencia en los espectáculos sino que tambien se dejaba ver paseando por el foro entre los ciudadanos, o por ejemplo hablando con legionarios retirados, mostrándose interesado en sus problemas.

No sólo los emperadores, sino también magistrados[6], aspirantes a puestos políticos y comerciantes importantes vieron que el

---

[6] En la antigua Roma, los magistrados eran ciudadanos elegidos para encargarse de la dirección y administración de la ciudad. Practicaban las funciones ejecutivas, legislativas y judiciales de manera conjunta o por separado. Los magistrados eran esencialmente los cónsules, procónsules, pretores, ediles, tribunos y censores.

patrocinio de eventos era una forma de lograr reconocimiento y buena imagen ante la población. Muchas obras representadas en el teatro o espectáculos en el anfiteatro empezaron a ser patrocinadas, es decir pagadas, por ciudadanos que querían que sus actividades fueran más conocidas en la ciudad. Un vendedor de pieles podía patrocinar una obra de teatro y por ello tenía derecho a sentarse en la zona destinada al patrocinador, donde se sentaría entre personajes importantes de la ciudad como el pretor y los cónsules, siendo visto por la multitud, luciendo, incluso, su producto. Todo este conjunto le ayudaría a hacer su negocio popular en Roma, haciendo al público sabedor de que su tienda estaba bien surtida de pieles lujosas e importadas desde los confines del imperio, un negocio floreciente cuyas ganancias son suficientes como para poder costear un espectáculo de calidad.

Muchos datos sobre la vida social en la antigua Roma y sus costumbres nos sorprenden por su modernidad, y con este ejemplo en concreto vemos una vez más que en el tema de la promoción hay pocas cosas realmente novedosas. Muchas tácticas de marketing tienen su origen en un pasado muy remoto, y han evolucionado con el tiempo, pero podemos todavía aprender mucho de ellas.

Saber vender auténticas piedras

Esta es la historia de uno de los productos puestos a la venta más estúpidos de todos los tiempos, pero que aun así logró hacer millonario a su inventor. ¿Por qué? Podemos llamarlo "la locura Pet Rock" pero antes de seguir leyendo, hemos de dejar claro que la persona detrás de este fenómeno de ventas, que era un 1% producto y un 99% marketing, era un creativo publicitario, Gary Dahl.

Las Pet Rock (piedras mascota) pertenecen a ese tipo de productos que catalogaríamos como "regalos desesperados". Productos graciosos, pero no muy útiles, que están bien como regalo curioso cuando no sabes qué regalar, pero que probablemente nunca comprarías para ti mismo. Y esta es una situación que todo el mundo vive, incluso varias veces en la vida, así que hay un gran campo de potenciales ventas para un producto de estas características, si se logra dar con los ingredientes adecuados.

Era 1975, y Gary, después de una conversación con un amigo sobre el trabajo que da tener una mascota y el dinero que cuesta, llegó a la conclusión de que tener una piedra como mascota no podría ser más barato y fácil de mantener. Después de pasar dos semanas escribiendo el Manual de Entrenamiento para Pet Rocks, siempre en clave de humor, y encontrar un lugar donde comprar piedras a 1 centavo cada una, diseñó una caja de cartón como las de las tiendas de mascotas (con asa y agujeritos para respirar), donde meter la piedra y el libro de entrenamiento.

Tras presentar su producto en una feria de artículos de regalo, los grandes almacenes Neiman Marcus hicieron un pedido de 500 unidades. Un poco de prensa hizo el resto: tras algunos artículos sobre el curioso invento, su inclusión en varias secciones de bazar en revistas (esas páginas donde salen diferentes artículos, a modo de ideas para regalar en Navidades, San Valentín, etc.) y unas cuantas entrevistas a Gary en medios generalistas y también financieros, los pedidos subieron tanto que empezaron a vender alrededor de 10.000 Pet Rock al día. Todo el mundo quería una Pet Rock, y ya no sólo para regalar, también para ellos mismos.

Cuando llegó la Navidad de 1975 ya se habían vendido 2 toneladas y media de piedras, y tres cuartas partes de los diarios de EE.UU. habían hablado de una u otra manera sobre el fenómeno Pet Rock. Incluso Gary fue invitado no sólo una, sino dos veces, al mítico *Tonight Show* con Johnny Carson. Vendiendo cada Pet Rock a 3,95 dólares, y con tan bajo coste de producción, a esas alturas Gary Dahl ya era millonario. En 1976, cuando la moda de regalar un Pet Rock pasó, se habían vendido en total 1,5 millones de unidades del producto.

Muchos intentaron crear algo similar, buscando repetir el éxito inmediato, probando otro tipo de bromas, productos o materiales, pero la Pet Rock quedó como el símbolo genuino de vender una "piedra" de producto, hacerlo deseado y conocido, y hacerse millonario.

El gran evento africano

Sabemos que unos Juegos Olímpicos o un mundial de fútbol son algunas de las mejores formas de promocionar un país, y que hay países que lo han hecho con más provecho que otros. En 1974 Zaire fue la sede de lo que fue llamado *"evento africano del siglo"*, un evento deportivo que no tuvo nada que ver con fútbol u olimpismo pero que aún es recordado por la gran atención mediática que generó.

Un combate de boxeo, llamado "The Rumble in the Jungle" (algo así como "Gresca en la selva"), fue el mayor evento deportivo y cultural del continente en esa década, y fue planeado para que sirviese para promocionar y extender una imagen positiva y moderna de las naciones africanas.

En el combate se enfrentaron dos boxeadores afroamericanos: el carismático Mohammed Ali, que en seguida se ganó las simpatías de los africanos, y George Foreman, quizá superior físicamente, pero con mucho menos talento para conectar con la audiencia y ganar la atención de las cámaras.

¿Por qué Zaire? Cuando el promotor e ideólogo del combate, Don King, empezó a buscar sede y financiación para el encuentro, encontró al socio ideal para embarcarse en este proyecto: Mobutu Sese Seko, el presidente de Zaire. Este vio en el combate una oportunidad de mostrar una imagen cultural del África negra alejada de hechicerías, canibalismo, cocodrilos, leones y luchas tribales, con su país a la vanguardia del avance. Mobutu ofreció costear los gastos del evento, facilitó un lugar donde hacerlo (el estadio nacional) e hizo un pago de 5 millones de dólares a cada uno de los luchadores para "invitarlos" a tomar parte en el combate. Añadió además un festival de música previo al enfrentamiento, de 3 días de duración y con lo más granado de la música negra mundial (B.B. King, James Brown o Celia Cruz con su grupo Fania All Stars, entre otros), creando así un evento de máxima expectación.

Apenas 15 años antes los países africanos habían empezado a independizarse por fin de las potencias coloniales europeas. Mientras, en EE. UU., la población negra luchaba por la igualdad de derechos, y el movimiento Black Power crecía en popularidad (haciendo énfasis en el orgullo racial y en la creación de instituciones políticas y culturales que promocionaran los derechos e intereses de la población negra). Esta era una oportunidad fantástica de mostrar al mundo el poder de la cultura africana, y el presidente de Zaire lo vio claro: gracias a la proyección internacional de este evento su país se posicionaría como la nación africana líder y el ejemplo a seguir por las demás.

Mobutu había llegado al poder en 1965 y abogaba por el "rebranding" del país. Quería apartar la antigua imagen de una áfrica peligrosa y atrasada, trayendo los valores occidentales a su población y alejándola del comunismo. Su anhelo era transformar la región en líder de la estabilidad y el progreso en el continente. Su retórica nacionalista le ganó las simpatías y apoyo del gobierno de EE. UU. (por su anticomunismo) y también de los afroamericanos, quienes comenzaban a ver África como una idealizada tierra prometida, una especie de Israel de los negros. Tiempo después la imagen de Mobutu se vería seriamente dañada al descubrirse su verdadera personalidad tiránica y sus tejemanejes económicos, pero en ese momento tenía credibilidad, era un líder con carisma y el evento prometía cambiar la imagen de Zaire de muchas maneras. Las calurosas declaraciones de Ali -claro favorito de los africanos- en las comparecencias ante la prensa a su llegada a Zaire ayudaron también: *"Siento que este es mi hogar"*, *"la población negra de Zaire es mucho más libre que los negros de américa"*. Siendo este un héroe para los afroamericanos y africanos, sus declaraciones tuvieron un gran impacto en ambos bandos. Ali representaba, a ojos del público, el alzamiento del negro libre que reniega de su nombre de hijo de esclavos (Cassius Clay) y elige su propio camino. El amor mutuo entre Ali y los habitantes de Zaire contrastaba con la incapacidad de Foreman para ganarse la simpatía de los africanos en sus ruedas de prensa y entrevistas ante los medios.

El 30 de octubre Mohamed Ali batió a George Foreman en un combate mítico, coronándose campeón mundial de los pesos pesados. Esta fue la guinda en el pastel que venía cocinándose en el corazón de África desde meses antes. El evento tuvo un nivel de trascendencia gigante no sólo en lo tocante al deporte sino a nivel histórico, cultural y político. El triunfo de Ali se vio como una victoria de la negritud mundial.

El encuentro fue cubierto por reporteros de todas las nacionalidades, teniendo un gran impacto sobre todo en EE. UU. Tras el combate, se publicaron varias películas, documentales y libros relacionados con el tema.

Además de dar una imagen positiva de África, el combate y todo su revuelo mediático sirvió para mitificar aún más la figura del gran Mohammed Ali. Este boxeador tuvo un gran talento natural para el *selfmarketing* (se llamaba a sí mismo *El Más Grande* desde que tenía 20 años y se comportaba como tal), no defraudando nunca. Su particular forma de ser y de expresarse, directa y arrogante, a la vez que simpática e ingeniosa, le ganaron las simpatías del mundo, siendo lo que hoy llamaríamos un auténtico *influencer*.

Acabó ganando el título mundial de los pesos pesados tres veces. Hoy en día sigue siendo uno de los personajes más reconocidos a nivel mundial. En 2006 vendió los derechos de marketing sobre su nombre y marca personal a una empresa por 50 millones de dólares más un tanto de los beneficios de todo lo producido bajo su imagen (hay bolígrafos Mohammed Ali, tostadoras, pijamas...). También sigue siendo uno de los personajes negros más influyentes de todos los tiempos. No sólo consiguió mejorar la imagen del boxeo y convertirse en una leyenda del ring, sino también ser un gran orador que luchó por la paz y la igualdad durante toda su vida.

El oficio casi más antiguo del mundo

Los pregoneros, ya existentes en la época de la Grecia clásica, han sido, en cierto modo, uno de los canales de difusión publicitaria más pioneros (y también de la propaganda). Esta figura, que aún hoy mantiene vigente su cometido en algunas áreas rurales del mundo, existe desde hace siglos.

Llamados *kerux* en Grecia, (oficio protegido por Hermes, dios del comercio, de la suerte y de la elocuencia) y *praecos* en la antigua Roma, servían para proclamar informaciones institucionales (políticas, religiosas, jurídicas o de índole económico) para que llegara su noticia a todos los puntos del imperio, y dar difusión a noticias comerciales a fin de captar compradores para, por ejemplo, el nuevo cargamento de vino que había llegado a un comercio, o las finas telas traídas de oriente por un comerciante recién llegado a la ciudad. En Roma la actividad comercial era intensa y vibrante a través de sus tiendas, talleres de artesanos, vendedores ambulantes y mercados. Estos pregones eran pagados por el interesado, e incluso se podían acompañar por músicos que subrayaban con sus melodías la importancia del mensaje y llamaban la atención de los viandantes.

La actividad de los *praecos* estaba muy regulada y organizada. Estos cargos públicos llegaron a agruparse según sus especialidades y disponían de representantes que velaban porque no se ejerciera la profesión sin permiso o sin cumplir ciertas reglas y condiciones. Frente a estos funcionarios del Estado, más oficiales, prestaban también sus servicios los *strilloni*, pregoneros estrictamente comerciales.

Durante la Edad Media, los pregoneros, constituidos como gremio en el s. XII, seguían cumpliendo su labor informativa al servicio de reyes y nobles, haciendo públicos los bandos con información jurídica, impositiva o legal, pero también continuaban en su función de dar a conocer los productos de comerciantes particulares a lo largo de la ciudad. Su oficio seguía siendo habitual y necesario, con una población en su mayoría analfabeta.

Debido a su valor como oficio e influencia en la sociedad, la figura del pregonero estaba oficializada y regulada. En Zaragoza se conserva un texto del siglo XVIII donde se especifica el precio por palabra y los lugares designados donde debía apostarse el pregonero, así como los horarios.

Hoy en día, en entornos muy rurales de algunos países todavía existe la figura del pregonero, aunque ya en extinción. En los años 70 y 80 en algunos pueblos de España todavía se anuncia la matanza del cerdo (la fecha, hora y lugar), la llegada de algún vendedor ambulante, las mercancías nuevas en la tienda del pueblo o informes de cortes de agua, averías, cotos de caza, celebraciones y actos. Manuel Leguineche recoge en su libro *"El precio del paraíso"* lo que un anciano de Monzón (Huesca) le relató, refiriéndose al oficio de pregonero: "En las calles de Monzón se oían los pregones precedidos de toques de corneta: 'Tararí... se hace saber... al que quiera comprar... sardineta de Tarragona... en casa Esteban se vende'. Un pregón costaba dos pesetas allá por los años treinta, diez en los cuarenta y veinticinco pesetas en los cincuenta".

Pero el pregonero dejó ya a partir de la Edad Media de tener la exclusiva en lo que a anunciar productos de viva voz se refiere. Los propios comerciantes, sobre todo aquellos con puestos en lugares públicos, ferias y mercados, o vendedores ambulantes, comenzaron a anunciar sus mercancías gritándolas entre la multitud. Y descubriendo que una rima con gracia, o un sonido particular o instrumento musical que acompañara el voceo, los hacía más reconocibles, siendo más fácil distinguir su información en medio del ruido callejero. Así nacerían lo que podríamos llamar los primeros *"slogans"*, rimas o ripios que anunciaban un producto o a un comerciante en concreto, de las que algunas, por graciosas y repetitivas, pasaban al lenguaje popular y se hacían reconocibles y ampliamente conocidas. Aquí dejamos varios ejemplos de pregones españoles de los años 50 del siglo XX:

"¡A raja y cala, sandía colorada!", "¡A las ricas naranjas, que se comen sin ganas!" "Er caca, niño, er caca.... Er caca, niño, er cacahueeeeeeeteeee"

"Chatarrerooo, señoras, se compran neveras, lavadoras, camas viejas, trapos viejos... chatarreeeroo"

Un vendedor de avellanas: "Yo las tiro y las regalo, y a nadie le importa ná, lo mismo que doy una gorda, también despacho un real" (por perra gorda o real, nombre con el que se denominaban monedas españolas de diferente cuantía a finales del siglo XIX)

Y, por último, el pregón del tapicero, quizá uno de los últimos pregones que todavía puede oírse en las calles de algunos pueblos y ciudades. Hoy en día ya grabado y emitido a través de los altavoces de la furgoneta del tapicero, pero pregón igualmente, muestra de la tradición oral de la venta ambulante adaptada a los nuevos tiempos: "Atención señora: ha llegado el tapicero. Se tapizan sillas, sillones, butacas, tresillos, mecedoras, descalzadoras y toda clase de muebles".

Impreso a todo color

Si bien en la antigua Grecia y Roma ya se utilizaban mensajes escritos colocados en lugares públicos para informar a la población de nuevas leyes, noticias gubernamentales, o eventos sociales, en la Edad Media dejaron prácticamente de usarse, debido al alto grado de analfabetismo de la población, sustituyéndose estos mensajes por señales simbólicas que identificaban un gremio o el nombre de un negocio, señalando así un lugar y su función (por ejemplo, una placa de hierro con la forma de un zapato señalaba la entrada a un taller de zapatero).

El cartel impreso, antecedente de la publicidad exterior, surge en su forma más primitiva de los talleres de los primeros editores, quienes usaban su propia imprenta para crear un listado de los libros que ofertaban, elaborando un cartel que podían colgar en un lugar visible de su despacho abierto al público.

En España el cartel más antiguo del que se tiene constancia data de 1763, y fue realizado para anunciar una corrida de toros en Sevilla, estando compuesto simplemente con texto. El primer cartel ilustrado que se conserva es uno francés de 1772 que ofrecía como novedad el nuevo y útil artilugio para resguardarse de la lluvia, el paraguas.

Los carteles empiezan a ser impresos ya de forma habitual en Europa a partir de 1600, ocupando los grandes centros urbanos. El auge de las ciudades, la vida en la calle y el rápido crecimiento económico hacen que a mediados del siglo XIX el cartel tenga su gran auge: resultaba el medio más económico y rápido para alcanzar a una gran cantidad de personas, captar su atención y enviarles un mensaje claro, de contenido comercial.

El cartel ilustrado a color alegraba y cubría los bulevares de París, las callejuelas de Amberes o Ámsterdam, las plazas de Londres y las calles de Nueva York, pero la mayoría de los diseños carecían de valor artístico. El cartel ya existía, pero el arte publicitario todavía estaba en desarrollo.

El artista cartelista pionero fue el francés Jules Chéret. Si bien su intención era ser pintor, su trabajo de crear carteles de anuncios comerciales era lo que le permitía pagar sus cuentas, así que poco a poco fue convirtiendo el cartelismo en su profesión, con tal éxito que llegó a ser el más conocido e imitado de la época. Desde los años 60 del siglo XIX comenzó a crear carteles publicitarios para los cabarés parisinos y teatros de variedades como el *Paris Olympia*, el *Folies Bergère* o el *Moulin Rouge*.

Debido al gran éxito de sus obras, empezó a tener encargos para realizar carteles de otro tipo de productos, como bebidas, perfumes, jabones, compañías de ferrocarril, cosméticos y productos farmacéuticos. Su estilo era muy reconocible (se llegó a llamar "Cherettes" a las mujeres que se asemejaban a las que él dibujaba, como sinónimo de mujer elegante y alegre), sus líneas eran dinámicas, con figuras poco definidas y colores muy vivos. Tenerlo al él como creador del cartel de un determinado producto daba prestigio y reconocimiento a la marca. Se puede considerar a Chéret como el padre del cartel publicitario.

A partir de 1880 el cartel empieza a ser también objeto de coleccionismo. Abundaban las exposiciones de posters, y también los clubs de coleccionistas. No tardaron los artistas e impresores en ver aquí una oportunidad de ganar dinero, aumentando las tiradas de los más populares, y vendiéndolas a marchantes de carteles. Los carteles de autores conocidos eran objeto de deseo de la nueva clase burguesa, surgida del comercio, que quería dar un toque de distinción a sus hogares: eran más baratos que una pintura, pero cumplían el fin decorativo. En 1895, Chéret, con gran visión comercial, creó la colección *Maîtres de l'Affiche*, "Maestros del cartel", una publicación mensual para suscriptores de reproducciones artísticas de carteles célebres, con una selección en formato pequeño de las mejores obras de diferentes artistas.

Fue tal la trascendencia del cartel que atrajo la atención de algunos pintores ya consagrados, como Henri de Toulouse Lautrec. Este se interesó por el cartelismo en una etapa ya avanzada de su itinerario creativo, mostrando afán por romper con las fórmulas establecidas por el Art Nouveau. Sus carteles interpretaron la modernidad y utilizaron la imagen impresa para comunicar con una finalidad publicitaria, introduciendo aspectos que influyeron mucho en el diseño de la publicidad posterior, por ejemplo el uso de la tipografía y forma del texto como una pieza integrada en la imagen. El cartel se dirige a convencer y requiere una imagen limpia, eficaz, y llamativa. Le importa de modo especial el estímulo psicológico, y se define por un estilo sencillo que transmite dinamismo, pero sin nerviosismo. Sus dibujos suelen ser muy equilibrados, con líneas muy definidas y colores planos y muy puros.

Otro famoso cartelista de la época fue el checo Alfons Mucha, quien saltó a la fama con su primer cartel litográfico para la actriz Sarah Bernhardt anunciando su obra *Gismonda* en el Théâtre de la Renaissance. Apareció en los primeros días de enero de 1895 en los muros de París, y causó una auténtica sensación. Mucha produjo una gran cantidad de carteles e ilustraciones en el estilo Art Nouveau. Sus trabajos frecuentemente presentan mujeres jóvenes, hermosas y saludables, flotando en atuendos neoclásicos, rodeadas de enramados de figuras geométricas o de exuberantes flores e intrincada vegetación. Este estilo fue imitado con frecuencia, y aunque pasó de moda a principios del siglo XX su figura y obra ha vivido un resurgimiento en los últimos tiempos.

Los carteles de los grandes maestros de esta época, que fueron originalmente vendidos al público por unos pocos francos (por ejemplo, el comerciante de *affiches* parisino Sagot vendía carteles de Toulouse-Lautrec por 5 francos en 1890), son hoy reconocidas obras de arte que forman parte de la historia de la publicidad.

Portada de L'Auto informando sobre la ruta de El Tour

Tambores de detergente Colón, años 70

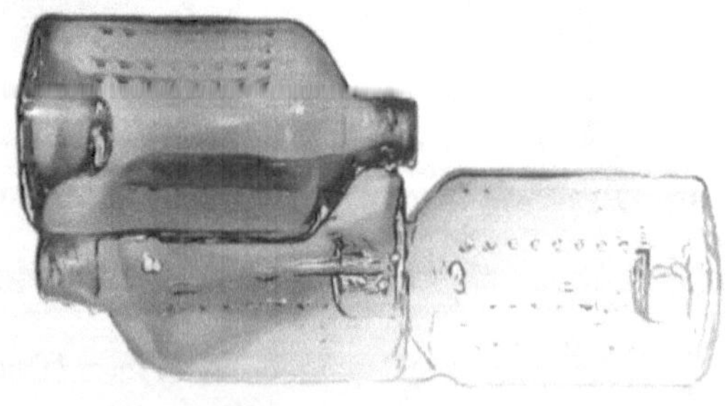

Botellas WOBO de Heineken

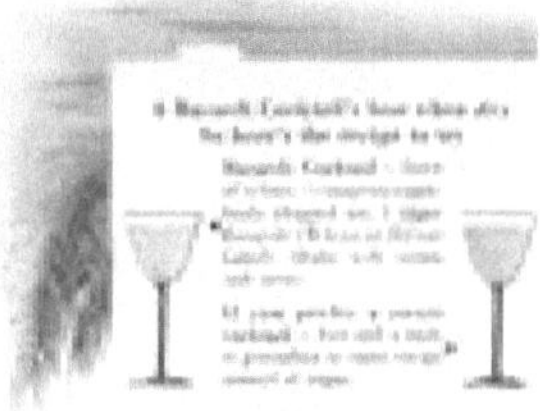

Pieza publicitaria de Bacardi haciéndose eco del fallo a su favor, respecto a la llamada "Ley Barcardi"

Cartel de la película "La Semilla del Diablo" con Mia Farrow y el icónico corte de pelo

Torre Eiffel, 1925

Packaging, manual de uso y presentación comercial de la "Pet Rock"

Cartel de la expedición Croisiére Noire de Citroën

"Para mantener una figura delgada...coge un Lucky en vez de un dulce" - Publicidad de Lucky Strike, 1929

Publicidad del crecepelo Madam C.J. Walkers

Moss Kendrix fotografiado dando indicaciones a una modelo en la sesión de fotos de un anuncio de Coca-Cola

Cartel anunciando el combate Foreman vs Ali

Cartel de Jules Chéret para una marca de bebida (1899)

Cartel de Henri de Toulouse-Lautrec que anuncia el Moulin Rouge y su gran vedette La Goulue (1891)

Cartel de Alphonse Mucha para una marca de bicicletas (1902)

Inventando el marketing de contenidos

El marketing de contenidos, *content marketing*, consiste en crear una estrategia de elaboración de contenido en la página web, blog o redes sociales de una marca o empresa que llame la atención de su público objetivo y consiga atraerlo, ofreciéndole información interesante y raramente promocional. El marketing de contenidos requiere una gran dosis de empatía para ponerse en la piel del público y darle aquello que realmente necesitaría conocer, ofreciéndole temas que le interesen, y construyendo una relación con ellos a través de este flujo de información. El *content marketing* no es promocional, y evita hablar directamente acerca del producto o empresa, sino que más bien se focaliza en ofrecer algo de valor a los clientes actuales y potenciales.

Uno de los pioneros en este campo, en un tiempo muy anterior a la existencia de internet, los blogs corporativos y las redes sociales, fue la empresa de neumáticos Michelin, gracias a la creación de su guía homónima, hoy conocida en todo el mundo por lo disputado de sus estrellas entre los mejores restaurantes del planeta.

La Guía Michelin tuvo su primera edición en Francia en el año 1900. Nació como una herramienta de la marca para apoyar el desarrollo de la industria automovilística y fomentar el uso del vehículo privado. Esta era una pequeña guía que facilitaba el viaje en coche, incluyendo un gran número de informaciones prácticas como mapas, una relación de mecánicos y médicos de cada ciudad, instrucciones para cambiar ruedas, direcciones de gasolineras, y un listado de lugares para pernoctar y comer en carretera.

Durante sus primeros veinte años fue gratuita, y se repartía a través de los talleres mecánicos que vendía e instalaban las ruedas de la marca. La pequeña guía de tapas rojas se volvió muy popular. En 1920, uno de los dos hermanos fundadores de la empresa, André Michelin, descubrió al visitar un taller de neumáticos que sus guías estaban siendo utilizadas para calzar un banco. Entendió que cobrando la guía, esta sería más respetada, así que a partir de ese año dejó de ser gratuita y pasó a costar 7 francos, con el firme compromiso de mejorar en cada edición a fin de lograr ser un artículo suficientemente interesante y útil como para que los conductores pagaran por él.

Es en 1923 cuando se incluye por primera vez un apartado para restaurantes, pues hasta entonces sólo se listaban hoteles y hostales donde también se pudiera comer. Tras observar que esta era una sección muy popular de la guía, los hermanos Michelin contrataron a un equipo de inspectores, para que visitaran y valoraran de forma anónima los restaurantes que iban ser incluidos en la siguiente edición. Fue a partir de 1926 que entraron en escena las estrellas con las que se valoraba la calidad de los establecimientos. En principio sólo se daba una, y servía para marcar aquellos más recomendados, pero en el año 1931 ya había un sistema de hasta tres estrellas (las mismas que hoy), para marcar aquellos restaurantes que despuntaran en su excelencia gastronómica.

La guía Michelín ha llegado al siglo XXI convertida en un referente gastronómico mundial, consiguiendo unir el nombre de la marca al de los restaurantes más reputados de cada país. Las estrellas se otorgan en eventos que se celebran dos veces al año, y que tienen mucha atención mediática. Hoy en día tener una o más estrellas Michelín supone que un restaurante no sólo es uno de los mejores de su país, sino que también es uno de los mejores del mundo. En la actualidad cerca de 2000 restaurantes de todos los países que cubre la guía tienen estrellas. Estas son las razones por las que podemos considerar esta guía como una pionera del marketing de contenidos, y un ejemplo magistral de cómo una marca puede lanzar un servicio de información útil para el público que llegue a calar hondo en la cultura popular.

Afeitado arrasante

La marca Gillette, hoy perteneciente al gigante Procter & Gamble, es una de esas firmas que desde su origen ha usado de forma intensiva el marketing, haciendo buen uso de diferentes estrategias para conseguir colocar su producto entre aquellos de "casi" primera necesidad.

Lo común en el siglo XIX era acudir al barbero para afeitarse a navaja, si bien a finales del siglo comenzaron a popularizarse las cuchillas de seguridad, que facilitaban el proceso de afeitado y protegían la piel del contacto excesivo de la cuchilla, por lo que el público empezó a tener interés en tener su propia herramienta, con la que poder realizar ellos mismos la labor del afeitado sin salir de casa. Pero estas cuchillas, hechas para ser colocadas en una empuñadura, tenían que ser afiladas y pulidas a mano después de varios afeitados, un trabajo tedioso y laborioso.

Así King Camp Gillette, un comercial de corchos para botellas, ideó una cuchilla, afilada en ambos lados, y que fuera lo suficientemente barata de hacer para que fuera de usar y tirar, sin necesidad entonces de darle mantenimiento al filo desgastado. Después de desarrollar el producto y obtener la patente, comenzó la producción en 1903.

Ya desde el comienzo de su andadura Gillette usó la publicidad impresa como arma para dar a conocer su producto de forma amplia, con el fin de impulsar a los hombres a dejar de usar navajas tradicionales de afeitado y evitar la relación de dependencia con la barbería. Constantemente se menciona en sus anuncios la higiene y el ahorro de tiempo que supone el nuevo invento, con el que no hace falta afilar y pulir la cuchilla, ya que simplemente, se tira y pone una nueva. Y no sólo extendía este mensaje en sus anuncios, sino que animaba al público a usar su producto durante 30 días de forma totalmente gratuita, garantizando la devolución del dinero si después de la prueba no sentían que este método era mejor que el afeitado tradicional. Esta técnica de marketing, tan común hoy en día, era muy novedosa en la época.

Durante la I Guerra Mundial, Gillette dio otro golpe de efecto haciéndose con el contrato de proveedor del ejército de Estados Unidos, proporcionando cuchillas de afeitado a cada uno de los soldados que partían a la guerra en Europa. Aprovechó este tema y su cariz patriótico para reflejarlo en su publicidad, hablando de la importancia de que los soldados confiaran en Gillette para un buen afeitado, y extendiendo la imagen de que un buen soldado debe presentarse con la cara aseada y libre de barba. Los soldados que volvían de la guerra se habían convertido en fieles usuarios de la marca, y además contribuyeron a extender por Europa esta moderna manera de afeitarse.

Hacia el final de la I Guerra Mundial, las costumbres de la población comenzaron a cambiar en muchos campos, entre ellos, la vestimenta. Los vestidos de las mujeres empezaban a dejar los hombros al aire, y allí Gillette también vio una oportunidad para expandir su rango de compradores. Con la invención de una maquinilla especial para ellas, se inventó también una nueva necesidad: La "Milady Décolleté" ofrecía una forma segura e higiénica de suavizar las axilas, que era lo que debía hacer cualquier mujer que se considerara sofisticada y moderna. En definitiva, crear una nueva necesidad, y con ella, un nuevo mercado. Y con el acortamiento de los vestidos en los años 20, llegaría también el turno de las piernas.

Además, es muy interesante observar que en la publicidad dirigida a mujeres no se usara el término afeitado, ni la misma maquinilla que usaban los hombres: se nombraba el producto como un accesorio de baño, y se intentaba mantener alejada la imagen de la cuchilla con la que se rasuraba el soldado. El paso del tiempo y las circunstancias no hicieron más que acentuar esta idea de la necesidad de unas piernas suaves: en los años 40, tras el enorme esfuerzo de guerra americano en la II Guerra Mundial, las medias escaseaban, así que no había forma de ocultar el vello de otra forma que no fuera eliminándolo.

Ya desde los años 20 Gillette había iniciado su diversificación: de un único modelo para hombre, se pasó a ofrecer una línea completa de diferentes referencias, cada una con diferente empuñadura y estuche. *Bostonian, Richwood* o *Aristocrat* eran algunos de sus nombres. Así de fácil, este modelo de negocio continuó a lo largo de la historia de la marca, ofreciendo el mismo producto en diferentes estilos, para así mostrarse atractivo a ojos de los diferentes tipos de clientes: una estrategia de marketing que luego se popularizaría en otras industrias.

El crack de la bolsa en 1929 también afectó a Gillette: dejaron de lado la producción de los modelos más lujosos y se centraron en fabricar otros más económicos, pero siempre innovando y sacando nuevas referencias cada poco tiempo, del gusto vigente de los consumidores. Esta carrera por la revisión de su gama de productos de forma continuada obedecía a que las patentes de la cuchilla de usar y tirar ya habían caducado, y ahora el mercado era compartido con otros competidores. La empresa tenía la necesidad obvia de dejar a sus florecientes contrincantes atrás, estando siempre a la cabeza de la innovación con nuevos diseños, una fórmula de negocio que la empresa Gillette usa todavía hoy en día.

Kleenex: el cliente siempre tiene la razón

Los pañuelos de papel eran ya usados desde hace siglos en Japón. Estos maestros de la fabricación del papel idearon allá por el siglo XVII los pañuelos desechables, usados para secar el sudor, y nunca usados dos veces, lo cual maravillaba a los extranjeros que tenían oportunidad de verlo.

Pero los pañuelos de papel tal y como hoy los conocemos fueron introducidos en el mercado estadounidense en 1924 por la empresa americana Kimberly-Clark, comercializadora también de otros productos de higiene como pañales desechables o papel higiénico. Su nombre era Kleenex, que daba una pequeña indicación de para qué servían, para limpiar ("clean" en inglés)... restos de maquillaje y mascarillas faciales.

Los primeros anuncios del producto eran protagonizados por actrices hollywoodienses del momento, como por ejemplo Jean Harlow, quienes proclamaban que limpiarse la cara con estos suaves pañuelitos era su secreto para mantener una piel libre de impurezas.

Este era el uso que el equipo de marketing de la marca designaba para el producto. Pero un par de años después del lanzamiento de Kleenex, el jefe de estudios de mercado de Kimberly-Clark intentó persuadir a este equipo de introducir una nueva variable en su posicionamiento: los Kleenex también podían ser usados para paliar los síntomas de resfriados o alergias, es decir, el lagrimeo y el goteo nasal. El equipo de marketing rechazó la idea en un principio, aunque empezó a reservar algunos pequeños espacios publicitarios en medios dirigidos al público masculino, para dar a conocer los Kleenex como los sustitutos de los pañuelos de tela que entonces llevaba encima todo caballero.

En 1926 las encuestas llevadas a cabo en diferentes ciudades resultaron dar la razón al equipo de investigación, el 60% de los usuarios los usaban para sonarse la nariz.

En 1930 Kleenex se anunciaba bajo el slogan "No lleves un resfriado en tu bolsillo". Su uso como pañuelo desechable pronto se impuso totalmente a su uso original como desmaquillante, y así pasó a la posteridad, hasta hoy en día, donde la palabra Kleenex ya se considera un genérico que designa a cualquier pañuelo desechable de papel.

Lamborghini: de tractores a coches de lujo

Hasta el comienzo de los años 60, cuando en Italia alguien mencionaba la marca Lamborghini, lo que venía a la cabeza del oyente era un tractor.

Ferrucio Lamborghini era un rico empresario que había comenzado a cimentar su negocio comprando piezas sueltas y recambios de vehículos desechados en la Segunda Guerra Mundial y fabricando tractores y maquinaria agrícola con ellos. A mediados de los 50 ya era el mayor fabricante de este sector, además de tener intereses en otros negocios como el de la fabricación de calefactores y aires acondicionados.

Los coches caros y potentes se convirtieron en su pasión, y tenía en su garaje automóviles Alfa Romeo, Lancia, Mercedes, Maserati, y por supuesto varios Ferrari, los cuales le gustaban mucho, pero reconocía que los encontraba demasiado ruidosos y además tenían problemas de motor asiduamente, por lo que las visitas al taller se multiplicaban. Al tener la enésima avería en uno de sus modelos de Ferrari pidió a uno de los mecánicos de su fábrica que examinara el motor, y con sorpresa descubrieron que el embrague usado en este coche eran exactamente igual que el que ellos usaban en sus tractores... solo que cobrado a precio de oro. Enfurecido, llamó al mismísimo Enzo Ferrari para exigir un mejor embrague para su coche. La conversación pasaría a la historia, y se puede resumir en que Lamborghini le dijo a Enzo Ferrari que sus coches eran una basura, y este le respondió que un fabricante de tractores no podía entender sus refinados coches.

A partir de ese día Ferrucio no pudo dejar de dar vueltas a la idea de fabricar él mismo el coche deportivo perfecto, y darle en las narices a Ferrari con el resultado.

Esta es la curiosa historia que desde los inicios de la marca se ha contado a cada afortunado comprador de uno de estos coches, como forma de transmitir los valores de la casa y de su creador, algo así como *"desde sus orígenes, en la casa Lamborghini tenemos el más absoluto empeño en lograr siempre la excelencia en tecnología, motor y diseño para aquellos que realmente saben disfrutar de un buen coche"*.

Para su misión, Ferrucio reclutó un equipo de diseñadores y expertos en motor que venían de las mejores casas de coches de lujo, incluidos algunos fichajes hechos entre la propia plantilla de Ferrari, aunque también dio espacio a diseñadores desconocidos como por ejemplo Franco Scaglione, quien sería el responsable del diseño de carrocería de su primer modelo.

En sólo cuatro meses el primer Lamborghini, el 350GTV, estaba listo, justo a tiempo para presentarlo en la feria del motor en Turín de 1963, un hito importantísimo en el calendario anual de la industria, al que no podían faltar. Eso sí, faltaba un pequeño detalle... no tenían terminado el diseño del motor todavía. En el stand se aseguraron bien de que el capó permaneciera cerrado durante toda la feria para que nadie se diera cuenta. El ardid funcionó y la opinión pública dió una buena acogida a la nueva casa de coches de lujo.

La empresa estaba ya en marcha, y a finales de 1964, y después de algunas variaciones en carrocería y motor, ya había 13 clientes esperando sus coches. Dos años después eran 120 los coches vendidos, y cada año siguiente Lamborghini fue aumentando progresivamente su mercado y reputación.

Actualmente los mercados más importantes para la casa italiana son EE.UU y China, y produce alrededor de 1700 vehículos al año con unos beneficios de cerca de 500 millones de euros. Algunas de las caras famosas al volante de estas máquinas son Eva Longoria,

Cristiano Ronaldo, Lady Gaga, Conor McGregor, J Balvin, Daddy Yankee, Justin Bieber, Nicky Minaj, Floyd Mayweather, Kylie Jenner, Nicky Jam, Kanye West o Shaquille O'Neal. Incluso el Papa Francisco, en 2017, recibió como obsequio del fabricante italiano el model Lamborghini Huracán, el cual después de ser bendecido y autografiado por el pontífice, fue subastado para recaudar fondos para varias causas. En la ceremonia mediática de "bendición" del automóvil estuvieron presentes Stefano Domenicali, el presidente de Lamborghini en ese momento, así como miembros de la junta directiva del fabricante y dos de los trabajadores que ayudaron en la construcción del vehículo... además de por supuesto decenas de cámaras de prensa y televisión que cubrieron la noticia y publicitaron la marca en un movimiento de comunicación muy inteligente por parte de la casa italiana.

Product placement vintage

La técnica del *product placement,* hoy en día ya omnipresente en las series y llegando en algunas películas a ser un tema más del que hablar sobre la misma (por ejemplo, la marca del coche/gafas de sol/traje/pluma que llevará James Bond en su próxima rencarnación cinematográfica), se ideó en el cine durante los años 30.

En 1931 Fritz Lang mantuvo veinte segundos en pantalla el logotipo de los chicles Wrigley's en su película *M, El vampiro de Dusseldorf.*

En *Scarface* (no en la que Al Pacino interpretaba a Tony Montana, sino el clásico de Howard Hawks rodado en 1932), los productores dictaminaron en su estreno que el protagonista fumaba White Owl Cigarrettes después de haber llegado a un acuerdo con esta marca, aunque realmente durante la grabación fumó otra. En la misma época, Fred Astaire fumó Chesterfield en uno de sus musicales convirtiéndose después en la imagen de la marca junto a Rita Hayworth. Incluso Groucho Marx incluyó la mención de algunas marcas en sus guiones, y no olvidemos *Vacaciones en Roma,* donde Audrey Hepburn y Gregory Peck recorren la ciudad a lomos de una Vespa, una moto scooter manufacturada por la casa Piaggio que gracias a la película se puso de moda y reportó unas ventas superiores a 100,000 unidades ese año.

Pero quizá el más curioso de los product placement del cine clásico es el caso de la película *Arsénico por compasión* (1944) de Frank Capra, cuyo protagonista fue Cary Grant.

Esta fue la película en la que los teléfonos se modernizaron; atrás quedaron las escenas en las que los protagonistas se comunicaban a través de una máquina fijada a la pared, de la que salía una especie de trompetilla para escuchar, y un micrófono para hablar.

La compañía Bell estaba intentando promocionar una nueva clase de teléfono, al que llamaron "French Phone", el teléfono francés, pues en aquella época se relacionaba lo francés con lo moderno, de diseño, vanguardista etc (es curioso como las asociaciones de determinados países con cualidades como moderno, tecnológico o lujoso han ido cambiando con el tiempo, y otros en cambio han mantenido su estatus) y que presentaba la particularidad de tener el micrófono y el auricular en la misma pieza. Para normalizar el uso de este nuevo tipo de teléfono, más cómodo y estiloso, Bell pagó a los productores para que introdujeran este modelo en la película, donde las llamadas de teléfono son un elemento clave del guión. El nuevo modelo de teléfono era usado varias veces por los actores para realizar llamadas, y así el espectador se iba acostumbrando a la imagen de este nuevo aparato como algo habitual en la casa de una familia cualquiera. De hecho, el modelo francés logró imponerse y se convirtió en el modelo habitual de teléfono doméstico durante décadas.

Otro ejemplo de product placement pionero -pues en este caso se refiere, más que a emplazar un producto en la escena, a situar la acción en un determinado lugar a promocionar- es el caso de la cadena de tiendas Abercrombie & Fitch. En la comedia romántica de 1964 *Su juego favorito,* el protagonista, Rock Hudson, trabajaba en un local de la marca, y este es escenario de algunas escenas, de la misma forma que los productos de la tienda que se muestran y usan en la película pertenecían todos al catálogo actual de los establecimientos. Pero no esperemos ver al protagonista colocando sudaderas y pantalones en una tienda casi en penumbra, con música a gran volumen, y atendiendo con el torso desnudo (este fue el llamativo y sexualizado entorno diseñado para las tiendas de la cadena en la primera década de los 2000, buscando una imagen provocativa y elitista que conectara aspiracionalmente con los jóvenes), pues en la década de los 60, Abercrombie & Fitch era todavía una cadena de tiendas especializadas en artículos de caza y pesca.

En los años 80 vendrían los grandes ejemplos de product placement "de manual"; Spielberg, buscando dinero para producir su película E.T, ofreció a los representantes de los famosos M&Ms que fueran sus grajeas las que aparecieran en una escena de la película. Estos rechazaron la oferta por no ver una asociación positiva entre su producto y un extraterrestre. Sí aceptaron sus rivales, Hershey's, que firmaron un acuerdo marco que incluía además el derecho a usar la imagen de E.T. en sus productos, acciones de trade marketing y varias promociones cruzadas, siendo así finalmente sus caramelitos los que Eliot usa para conducir a E.T. hasta dentro de su casa: los Reece's Pieces, que gracias a su aparición en el filme aumentaron sus ventas en un espectacular 65%.

Otro ejemplo curioso de los primeros años 90 fue la película Demolition Man (1993). Ambientada en un futuro tecnológico y violento, donde un famoso asesino ha escapado de la ley y la misión del protagonista es atraparlo, la película se convirtió en un gigantesco product placement para los modelos experimentales de la marca de automóviles Oldsmobile. Esta división de General Motors, por entonces en horas muy bajas (terminaría desapareciendo definitivamente en 2009), facilitó un total de 19 vehículos de última generación, algunos ya a la venta y otros todavía en fase de prototipo.

En una conversación entre los protagonistas, aprendemos que tras la "Gran Guerra de Franquicias" todos los restaurantes del futuro se llaman Pizza Hut... Salvo si viste la película en EE UU, Canadá o Latinoamérica, en cuyo caso los restaurantes que ganaron la guerra fueron los Taco Bell. El hecho de que la firma de comida Tex Mex sea popularísima al otro lado del Atlántico, pero poco conocida en el resto del mundo, sirvió al espabilado productor Joel Silver para colocar dos product placements por el precio de uno, según el país en el que se estrenara su filme.

Repsol, Cela y su "choferesa"

En 1986 el premio Nobel español Camilo José Cela publicó, a petición de la revista Cambio 16, una "revisitación" por entregas de aquel *Viaje a la Alcarria* de 1948, su libro de memorias de viajero caminante que tantas alegrías y prestigio le dio.

Casi 40 años después de ese primer viaje, con el plan de publicar estas nuevas notas en la revista, y esta vez siendo ya un personaje muy conocido –y por tanto llegando anunciado a cada pueblo, con comitiva de recepción y eventos promocionales de productos locales incluidos- Cela se monta cada mañana en el lujoso Rolls Royce proporcionado por la revisa de automóviles Motor 16 (otra cabecera de la misma casa que Cambio 16), conducido por una espectacular modelo afroamericana muy parecida a Grace Jones, que a modo de estilizada chófer con uniforme de diseño, le llevaba por los caminos de la Alcarria, esta vez bastante más cómodamente.

Esta surreal imagen y la gran cobertura en medios que tuvo el viaje y sus muchas paradas llamó la atención lo suficiente para ser retomada más tarde en la publicidad de la entonces guía Campsa, a la postre Guía Repsol, una publicación anual similar a la guía Michelin, con mapas de carreteras y localidades de toda España, que incluía reseñas de hoteles, restaurantes y otros servicios útiles. Todas las viandas regionales eran probadas por Cela en compañía de *Oteliña*, silenciosa –por ser americana y conocer un castellano aprendido en México poco parecido al de Cela- y oscura –por su negra tez como la del personaje shakesperiano, de ahí el sobrenombre adjudicado por Cela a su conductora- , guapísima y misteriosa en su traje de "choferesa" diseñado por el modisto Elio Berhanyer para la ocasión. Acompañados iban también en su viaje entre pueblo y pueblo por dos juglares que animaban sus llegadas a nuevos destinos; mientras Cela estrechaba manos de autoridades, los juglares entretenían a los habitantes congregados en la plaza mayor con un espectáculo de títeres, coplillas y romances de ciego, con un toque casi medieval.

Cada lugar de la Alcarria visitado aprovechó la llegada del escritor y su *troupe* para promocionar sus tierras o productos lo mejor que pudo. Ahí queda, por ejemplo, la foto de don Camilo y su chofer regalados con su peso en miel en Peñalver– realmente sólo pesaron a Oteliña por discreción, y puede que ahorro-. Esta fue la primera edición de una idea que lleva dando cobertura mediática a este pueblo alcarreño desde entonces: a partir de ese año han recibido su peso en miel otros famosos nacionales como por ejemplo Luis del Olmo, Nieves Herrero o Alberto Contador.

Ya terminado el viaje, empezó la colaboración entre la Guía Campsa y el escritor, que se alargaría durante varias temporadas, y que consistía en varios anuncios para TV en los que se veía a Cela guía en mano, bien conducido de pueblo en pueblo por su negra choferesa y probando la gastronomía de las zonas visitadas, aceptando los platos con frases que luego pasaban a ser chascarrillos usados en el lenguaje popular de la época (Por *ejemplo ¿Un marmitako, don Camilo?* Y decía *"¡Toma, claro!"* o *¿Unas gachas don camilo?* Y este respondía *"Como es de ley"* o *"Si se empeña..."*)

Esto se acabó convirtiendo en una cita anual que creaba expectación, y acabó durando una década, todo un récord de colaboración entre un prescriptor y una marca.

El maestro del terror y el marketing

Desde sus modestos comienzos en la industria cinematográfica hasta convertirse en una leyenda del género, William "Bill" Castle dejó una huella única con sus películas de serie B. Pero lo que realmente lo hizo destacar fue su talento para el marketing audaz y creativo, convirtiendo sus proyecciones en eventos inolvidables gracias a sus ingeniosas estrategias promocionales y sus "gimmicks": trucos promocionales para llamar la atención y atraer a más público a las salas.

En 1958, Castle hizo su entrada triunfal en el mundo del terror con la película "Macabre". Pero no fue solo su habilidad para crear una historia espeluznante lo que llamó la atención, sino sus ingeniosas tácticas de marketing, que incluyeron ofrecer un certificado de seguro de vida por valor de 1000€ dólares (de la compañía aseguradora Lloyd's) a todos los espectadores, por si morían de miedo durante la proyección.

En 1959, Castle se aventuró en el género de la ciencia ficción con "Escalofrío", protagonizada por el icónico Vincent Price. En esta ocasión introdujo un pequeño mecanismo de descarga eléctrica bajo los asientos del cine del estreno, sincronizado con una escena de tensión de la película, que ayudó sin duda a intensificar la experiencia del visionado. Ese mismo año dirigió "La mansión de los horrores" (House on Haunted Hill), el clásico del cine de casas encantadas. Con de nuevo Vincent Price como protagonista, Castle hizo uso de otro truco: haciendo volar un esqueleto de plástico sobre el público en una de las escenas de más suspense de la película, desató los gritos de los espectadores mientras el esqueleto se acercaba a ellos. Castle nombraba todos sus trucos, también con fin promocional: a este lo llamó "Emergo" (de emerger, en latín)

El prolífico Castle se centró en el mundo de los espíritus con su película de 1960 "Los 13 fantasmas". Para su estreno, presentó el Illusion-O, que proporcionaba unas muy primitivas gafas 3D para poder ver a los fantasmas en pantalla. En 1961, Castle y el guionista Robb White se unieron para "Homicidio". Esta vez, Castle presentó el Fright Break, un ticket que permitía a los espectadores, en el caso de no poder soportar el suspense y terror, poder abandonar la sala e incluso pedir el dinero de vuelta.

Para "El Barón Sardónico", William Castle ideó un ingenioso juego interactivo. En determinados momentos de la proyección, detenía la película y consultaba a los espectadores sobre posibles desenlaces en situaciones cruciales. Armados con tarjetas fosforescentes, con un pulgar hacia arriba y otro hacia abajo, los espectadores determinaban por votación mayoritaria el desenlace del Barón.

En otras ocasiones, Castle se esforzaba por satisfacer a audiencias de diferentes nacionalidades, también de una forma muy pionera: en "13 Chicas Aterrorizadas", de 1963, las protagonistas eran trece jóvenes de un internado, cada una de un país distinto. Para lograr que los espectadores de cada país se identificaran con la protagonista, Castle filmó trece versiones diferentes de las primeras escenas.

Aunque la prensa lo comparaba con el "hermano pobre" de Alfred Hitchcock, Castle se consideraba a sí mismo un innovador y una figura única en la industria cinematográfica. A partir de mediados de los años 60, Castle dejó de lado los "gimmicks" y buscó crear un cine de terror más elaborado. Dirigió un par de películas interesantes con Joan Crawford como protagonista, como "Jugando con la Muerte" y "El Caso de Lucy Harbin", e intentó dirigir "La Semilla del Diablo", pero la Paramount le dio la dirección a Roman Polanski, limitándose Castle a producirla... ¿o puede que estuviera también tras algunos de los innovadores planteamientos de comunicación que tuvo la película?

Castle falleció en 1977, y su legado perdura no solo como director, sino como un genio de la publicidad en el cine, que concebía el terror como un espectáculo que trascendía los límites de la pantalla.

93

El Mágico Dr. Buss

En el mundo del baloncesto, hay algunos equipos que destacan por encima del resto. Y cuando hablamos de los Angeles Lakers, no solo pensamos en uno de los mejores equipos del mundo, sino que nos viene a la cabeza el espectáculo deportivo y la máquina de hacer dinero que es. Detrás de este fenómeno se encuentra el mítico Dr. Buss, un hombre visionario que transformó a los Lakers en algo más que un simple equipo de baloncesto: el Dr. Buss cambió el juego para siempre.

En 1979, adquirió una franquicia que languidecía, con seis temporadas sin avanzar a las Finales y una desconexión palpable con sus seguidores. Este graduado en química de la Universidad de California del Sur era un inversionista inmobiliario en Los Angeles durante los años 70. Su éxito en ese campo le permitió construir un imperio financiero que le facilitó la adquisición de los Lakers por 67.5 millones de dólares. Bajo su liderazgo, el valor de la franquicia se multiplicó exponencialmente, alcanzando casi los 6.500 millones de dólares en la actualidad. Buss convirtió a los Lakers en un equipo ganador en poco tiempo. Apenas cinco temporadas después de tomar las riendas, ya había obtenido dos títulos de campeón y había llevado al equipo a cuatro Finales.

Uno de los primeros movimientos audaces del Dr. Buss fue llevar el entretenimiento al siguiente nivel al introducir asientos en la tarima, a pie de cancha: los fans más adinerados podrían disfrutar del juego desde una perspectiva privilegiada, casi sintiéndose parte del equipo, a escasos metros de los jugadores. ¿Y qué mejor manera de estrenar estos nuevos y exclusivos asientos que invitando a estrellas de Hollywood a ocuparlos? No solo compras un asiento para ver en primer plano las gotas de sudor de los Lakers, sino que también estás rodeado de las estrellas más brillantes del cine y las celebrities del momento. Dr. Buss entendió que mezclar deporte y entretenimiento podía generar una combinación explosiva: tenía muy claro que podría convertir al baloncesto no sólo en un deporte, sino también en un show.

En línea con este pensamiento, decidió incorporar elementos teatrales y extravagantes a los partidos de los Lakers, por ejemplo, las *Laker Girls*. Los espectáculos de animadoras no eran comunes en la NBA en esa época, y el Dr. Buss pensó que ofrecer la actuación de un grupo de bailarinas sexys, enérgicas y talentosas con un espectáculo vibrante de baile gimnástico en los tiempos muertos animaría a la audiencia. El Dr. Buss no solo trajo a las mejores cheerleaders de todos los puntos de EE.UU., que audicionaban anualmente para conseguir un puesto en el squad, sino que también impulsó la creación de coreografías y actuaciones memorables que mantenían a la audiencia en vilo. Además de las cheerleaders, los Lakers fueron el primer equipo en tener una banda de música físicamente presente en cada partido, casi una veintena de músicos amenizando los tiempos de descanso y también tocando en directo durante el partido algunas melodías que ayudan a ilustrar lo que está pasando en la cancha (tienen temas específicos para acompañar una canasta, para animar cuando los Lakers están perdiendo, cuando se marca un punto que sentencia el partido, cuando hay remontada, tras una derrota etc).

Pero el Dr. Buss no se conformó solo con el espectáculo dentro del estadio, también supo cómo comercializar la marca de los Lakers de una manera innovadora y lucrativa, siendo uno de los primeros en comprender el poder del *merchandising*. Hoy en día, es común ver a los fans de los Lakers vistiendo sus camisetas doradas y púrpuras en todo el mundo, pero en los años 80 el concepto era relativamente nuevo y el Dr. Buss lo explotó al máximo. Desde gorras y sudaderas hasta tazas y llaveros o una línea de moda, todo lo que pudiera llevar el logotipo de los Lakers se convirtió en una mina de oro.

El genio del Dr. Buss no se limitó solo al marketing tradicional, también supo aprovechar el poder de los medios de comunicación, comprendiendo el potencial de la televisión para expandir la popularidad de los Lakers: a través de transmisiones en vivo y programas especiales, los partidos de los Lakers se convirtieron en eventos televisivos imperdibles. Y no podemos olvidar las inteligentes negociaciones del Dr. Buss en el mercado de fichajes: siempre buscando traer estrellas de renombre a los Lakers, Buss logró formar equipos llenos de talento que emocionaban a los fans y atraían a nuevas audiencias. Desde Magic Johnson hasta Kobe Bryant, pasando por Shaquille O'Neal, el Dr. Buss sabía cómo construir un equipo ganador y cómo vender su imagen al mundo.

Pero no todo fue un camino de rosas. Estos movimientos tan audaces le atrajeron la crítica de parte de sus enemigos, argumentando que se estaba alejando demasiado del verdadero espíritu del baloncesto, convirtiendo los partidos en un circo en lugar de centrarse en el juego en sí. Buss defendió siempre sus ideas con vehemencia, argumentando que el entretenimiento y el deporte podían coexistir y complementarse mutuamente.

En última instancia, el legado del Dr. Buss es innegable. Bajo su liderazgo, los Lakers se convirtieron en un fenómeno cultural, trascendiendo las barreras del deporte y capturando la atención de millones de personas en todo el mundo. Su visión audaz y sus ideas innovadoras dejaron una marca indeleble en la historia del baloncesto y del marketing deportivo.

El Poder del Walkman

En 1979 llegó un hito en la historia del Sony con la creación del Walkman. Este dispositivo, concebido por la visión perspicaz de los fundadores de Sony Masaru Ibuka y Akio Morita, marcó un antes y un después en cómo los consumidores disfrutaban de su música.

El primer Walkman, el TPS-L2, fue desarrollado por Kozo Ohsone, gerente general de la División de Grabadoras de Cinta de Sony, quién recibió la inspiración y las sugerencias de Ibuka y Morita. Este dispositivo revolucionario aprovechó la introducción de los casetes como nuevo medio de grabación de sonido, una innovación liderada por Philips Electronics en 1963. En 1978, Masaru Ibuka encargó a Ohsone que trabajara en una versión estéreo del Pressman, una grabadora de cinta lanzada por Sony en 1977. Akio Morita observó que modificando el dispositivo, podría tener éxito entre los jóvenes ávidos de música: si se quitaba la función de grabar, y se dejaba tan sólo la función de escuchar la cinta, el aparato se convertía en un reproductor musical portátil de cintas de audio. Así nació el Sony Walkman, un reproductor de casetes compacto y ligero que ofrecía una experiencia de escucha individual sin precedentes.

El 22 de junio de 1979, se llevó a cabo su presentación a los medios en Tokio. En lugar de una conferencia de prensa tradicional, los periodistas fueron llevados al Parque Yoyogi y se les entregó un Walkman a cada uno para experimentar en primera persona su revolucionario sonido estéreo. Los periodistas escucharon en la cinta una explicación sobre el nuevo producto, mientras los miembros del personal de Sony llevaban a cabo varias demostraciones del producto perfectamente coreografiadas. La cinta que los periodistas estaban escuchando les daba indicaciones hacia qué parte del entorno debían mirar, incluyendo por ejemplo observar a un joven y una mujer escuchando un Walkman mientras pasaban frente a ellos montados en una bicicleta tándem (en los primeros modelos del dispositivo se incluían dos puertos para conector de auriculares, permitiendo que dos personas pudieran disfrutar de la música juntas). Esta presentación a prensa cautivó la atención de los medios, como el producto acabó conquistando a sus consumidores.

El señor Morita sabía que la clave para el éxito del Walkman era crear una sensación de exclusividad y aspiración. Para ello, Sony no dudó en regalar su nueva invención a un montón de famosos, tanto en Japón como en los Estados Unidos. Además Sony comenzó a lanzar ediciones especiales y limitadas del dispositivo: Había Walkmans dorados, plateados, con incrustaciones de piedras preciosas y hasta con diseños personalizados de artistas reconocidos.

El actor estadounidense Tom Cruise fue fotografiado en varias ocasiones con uno, especialmente durante el rodaje de la película "Risky Business" (1983), donde realizó la famosa escena de baile en ropa interior mientras escuchaba música a través de su Walkman. Madonna también fue vista con frecuencia usando un Walkman en la década los 80. Incluso se le atribuye haber popularizado el uso de auriculares grandes y llamativos como accesorio de moda. Otras figuras muy conocidas de la época, como Michael Jackson, Bruce Springsteen o David Bowie también fueron fotografiados en diversas ocasiones con un Walkman.

Desde su lanzamiento, el Walkman se convirtió en un icono cultural, un símbolo de libertad musical, y un un compañero inseparable para millones de personas en todo el mundo.

Para 1995, el Sony Walkman había alcanzado una producción de 150 millones de unidades, con más de 300 modelos diferentes fabricados hasta la fecha. Su legado no solo reside en la innovación tecnológica y en la maestría de las técnicas de marketing usadas para situarlo en el mercado, sino también el impacto que hizo en la forma en que concebimos y disfrutamos de la música en nuestra vida cotidiana todavía hoy en día.

el mercado, sino también el impacto que hizo en la forma en que concebimos y disfrutamos de la música en nuestra vida cotidiana todavía hoy en día.

Filonazis en Buckingham

Isabel II fue la reina más conocida del siglo XX, pero pocos conocen la rocambolesca historia de cómo su padre, y por tanto ella, llegaron a ser los primeros en la línea sucesoria británica. Su ascenso fue posible gracias a la sorprendente abdicación de su tío, el efímero Rey Eduardo VIII, que tras su renuncia pasó a ser el Duque de Windsor. El *storytelling* oficial es que esta abdicación fue el resultado de la difícil elección que Eduardo tuvo que hacer entre su amor por Wallis Simpson, una controvertida divorciada estadounidense, y la prohibición de su Gobierno de casarse con ella. Sin embargo, hay mucho más tras estos acontecimientos: es posible que el gobierno se mostrara escéptico con el papel que podría desempeñar Eduardo como monarca británico incluso antes de que se convirtiera en rey, y la llegada de Wallis fuera la excusa perfecta para alejarlo del trono.

Eduardo VIII era un personaje muy elegante, a la par que extravagante, y con un juicio político que dejaba mucho que desear. Incluso su padre, el adusto Rey Jorge V de Inglaterra, predijo que arruinaría su reinado en tan solo doce meses, cosa que acertó de pleno. Eduardo ascendió al trono el 20 de enero de 1936 y solo reinó durante 325 días, antes de abdicar por amor y casarse con Wallis Simpson, una mujer estadounidense divorciada que coleccionaba amantes y que no era precisamente del agrado del Gobierno británico. Junto a su arriesgado vínculo con Wallis, Eduardo también tuvo una peligrosa relación con los nazis. En 1937 la pareja hizo un tour por la Alemania nazi, invitados por su gobierno. Eduardo hizo saludos con mano alzada, visitó el pabellón de caza de

Goering e intercambió confidencias con Goebbels. Incluso visitó un campo de concentración, presentado de manera decorosa, y tuvo una reunión privada de cincuenta minutos con Hitler en su retiro de montaña. El Führer llegó a decir que la abdicación de Eduardo fue una gran pérdida y que Wallis habría sido una buena reina.

Winston Churchill, desconfiando de los tratos de Eduardo con Hitler, temía este estuviera involucrado en una conspiración para restaurarlo en el trono una vez que los alemanes tomaran el control de Gran Bretaña. En un intento por alejar a Eduardo de la escena política, lo envió a las Bahamas como gobernador. A pesar de esa especie de exilio, la pareja mantuvo contacto con agentes y funcionarios alemanes incluso después de que comenzara la Batalla de Inglaterra en el verano de 1940

Documentos divulgados en 2017 revelaron que Churchill intentó ocultar unos telegramas incautados a los nazis en los que se recogía esta conspiración. Temía que se hiciera público el estrecho contacto de Eduardo con los agentes nazis y las ofertas para traicionar a su país, haciendo temblar los cimientos de la monarquía en un momento en el que la estabilidad y unidad dentro de las fronteras británicas era clave para ganar la guerra. A pesar de todo, el perfil filonazi de Eduardo seguía siendo un fantasma en el armario de los ingleses, y tampoco ayudaban sus constantes salidas de tono y comentarios desafortunados en sus apariciones públicas, algunos con tintes racistas, supremacistas, y ciertamente alineados con el fascismo.

La crisis de relaciones públicas provocada por los hechos controvertidos en los que estuvo involucrado Eduardo VIII y su relación con los nazis fue un gran desafío para la familia real británica. Estos eventos pusieron en entredicho la integridad y la lealtad de la monarquía en un momento crucial de la historia. La revelación de algunos de los contactos de Eduardo con los nazis y su abierta simpatía hacia ellos generaron una gran indignación tanto dentro como fuera del Reino Unido. Se cuestionaba la capacidad de la familia real para tomar decisiones éticas y políticas acertadas, lo que afectó seriamente su imagen y credibilidad.

Para abordar esta grave crisis de imagen, la familia real adoptó una estrategia de contención y distanciamiento. Se decidió que Eduardo y Wallis Simpson se mantuvieran alejados de los asuntos oficiales y se les prohibió realizar visitas al extranjero en nombre de la corona. Esta medida pretendía evitar que su presencia y acciones comprometieran aún más la reputación de la monarquía.

Además, se enfatizó la figura de Jorge VI, hermano de Eduardo VIII, quien asumió el trono tras la abdicación. Jorge VI era considerado más confiable y comprometido con los valores y responsabilidades de la realeza. Su liderazgo durante la Segunda Guerra Mundial, su cercanía con el pueblo y su determinación para enfrentar los desafíos de la época contribuyeron a restaurar la confianza en la monarquía. Y en el momento de su muerte, en 1952, le sucedería su hija, coronada como Isabel II.

La participación activa de la familia real en los esfuerzos de guerra y su conexión con el sufrimiento de la población británica también jugaron un papel crucial en la reconstrucción de la imagen de la monarquía. La reina madre, la Reina Isabel (madre de Isabel II), se convirtió en un símbolo de coraje y resistencia durante los bombardeos de Londres, lo que fortaleció el apoyo popular hacia la familia real. Y sus hijas (la futura Isabel II y su hermana) también permanecieron en Londres durante la guerra, participando pública y activamente en diversos trabajos de apoyo bélico: Isabel se unió al Servicio Territorial Auxiliar, donde se entrenó como mecánica, convirtiéndose en la primera mujer miembro de la Familia Real en unirse a los servicios Armados como miembro activo a tiempo completo.

Con el tiempo, la controversia y las acciones de Eduardo VIII quedaron en segundo plano, eclipsadas por los logros y la dedicación de sus sucesores. La monarquía británica logró recuperar la confianza y el respeto de gran parte de la población, a medida que se centraba en su papel institucional y en su contribución a la estabilidad y unidad del país.

En definitiva, la crisis de relaciones públicas desencadenada por los actos de Eduardo VIII y su relación con los nazis supuso un desafío significativo para la familia real británica. Sin embargo, a través de una estrategia de contención, distanciamiento y el enfoque en líderes más comprometidos, como Jorge VI, la monarquía pudo superar esta crisis y reconstruir su imagen ante el público.

Challenges virales a la antigua

Es al comienzo del siglo XIX cuando la magia comienza a convertirse en un gran espectáculo. Los "freak shows" (espectáculos de fenómenos) eran muy populares en las décadas anteriores, con mujeres barbudas, tragasables, faquieres, forzudos y escupefuegos, recorrían las ciudades y exhibían en plazas y ferias sus shows de curiosidades a bajo precio. Pero una nueva corriente de espectáculos de magos, más elegante y refinada, empezaba a encontrar su lugar en los salones, teatros e incluso palacios de la aristocracia y la burguesía.

Houdini, el mago legendario que fascinó a millones de personas con sus increíbles trucos y escapadas asombrosas, no solo fue un maestro del ilusionismo, sino también un genio del marketing y uno de los artistas del show business más influyentes de su tiempo.

Nacido el 24 de marzo de 1874 en Budapest, Hungría, y criado en Estados Unidos, Houdini no solo deslumbró al público con sus hazañas de escapismo, sino que también revolucionó la manera en que los artistas promocionaban sus espectáculos. Su vida estuvo marcada por la pasión, la dedicación y la habilidad para cautivar a las masas, haciendo de él un pionero en el arte del marketing y la publicidad en su época.

Desde sus humildes comienzos en el mundo del espectáculo, en teatrillos baratos y ferias de atracciones como la de Coney Island (Nueva York), Houdini comprendió la importancia de generar interés y expectación en torno a sus actuaciones. Una de las formas en que innovó la manera de publicitar sus espectáculos fue a través de la creación de su propio personaje público, creando una imagen de marca sólida. Se presentaba a sí mismo como "El Rey de las Cadenas" y utilizaba una estética distintiva, con trajes elegantes y una personalidad carismática en el escenario: la de un misterioso prestigitador, un superhéroe capaz de realizar hazañas imposibles y escapar de cualquier situación, y un gran cruzado en la persecución del fraude de ocultistas y espiritistas.

Su fama fue creciendo y también el alcance de sus tours, que ya comprendían el vasto territorio de Estados Unidos. Una de las estrategias publicitarias más características de Houdini era desafiar, a su llegada a cada ciudad, a las autoridades locales (por ejemplo el alcalde del lugar) a que lo encadenaran, esposaran o encerraran en cajas fuertes, celdas de prisión y otros dispositivos aparentemente impenetrables: ¡lo que hoy sería un *challenge* viral!. Houdini proclamaba que sería capaz de escapar sin dificultad. Estos desafíos se convertían en eventos mediáticos y atraían la atención masiva de la prensa y el público, además de gran publicidad para sus shows.

Houdini también fue pionero en el uso del merchandising y la comercialización de su imagen. En sus shows vendía productos como juegos de magia, candados y esposas, que estaban relacionados con sus actos de escapismo. Además, publicaba regularmente artículos y libros sobre magia, lo que le permitía generar ingresos adicionales y mantener su nombre en el candelero.

Además de sus proezas físicas, Houdini comprendió el poder del marketing de guerrilla mucho antes de que el término fuera acuñado. Utilizaba una combinación de carteles llamativos, anuncios en periódicos, las ya mencionadas demostraciones públicas y buenas relaciones con la prensa para mantener su nombre en boca de todos. Sus espectáculos se convirtieron en eventos sociales y mediáticos, y su capacidad para generar publicidad gratuita a través de la realización de hazañas cada vez más asombrosas contribuyó enormemente a su fama y éxito. Houdini mantenía una estrecha relación con los periodistas y les proporcionaba historias interesantes y exclusivas sobre sus hazañas,

Incluso organizaba eventos exclusivos de prensa para mostrar sus habilidades y desafiar a los periodistas a encontrar cualquier truco o engaño en sus actos.

Esta asociación simbiótica le permitía mantener su imagen en el centro de atención y controlar en gran medida la narrativa que se construía en torno a su persona y su carrera. También aprovechó el poder de la radio y el cine para llegar a audiencias aún más amplias, transmitiendo sus actuaciones en vivo y participando en películas que capturaron la imaginación del público en todo el mundo.

En resumen, Houdini fue mucho más que un ilusionista extraordinario. Fue un innovador en el campo del marketing, utilizando tácticas vanguardistas para promocionar su marca personal y generar interés en sus actuaciones. Su capacidad para generar controversia, aprovechar los medios de comunicación y crear una imagen de marca sólida lo convirtieron en una figura icónica en el mundo de la magia y el entretenimiento. Hasta el día de hoy, su legado perdura y su influencia en el ilusionismo y el show business continúa siendo relevante.

Es al comienzo del siglo XIX cuando la magia comienza a convertirse en un gran espectáculo. Los "freak shows" (espectáculos de fenómenos) eran muy populares en las décadas anteriores, con mujeres barbudas, tragasables, faquieres, forzudos y escupefuegos, recorrían las ciudades y exhibían en plazas y ferias sus shows de curiosidades a bajo precio. Pero una nueva corriente de espectáculos de magos, más elegante y refinada, empezaba a encontrar su lugar en los salones, teatros e incluso palacios de la aristocracia y la burguesía.

Houdini, el mago legendario que fascinó a millones de personas con sus increíbles trucos y escapadas asombrosas, no solo fue un maestro del ilusionismo, sino también un genio del marketing y uno de los artistas del show business más influyentes de su tiempo.

Nacido el 24 de marzo de 1874 en Budapest, Hungría, y criado en Estados Unidos, Houdini no solo deslumbró al público con sus hazañas de escapismo, sino que también revolucionó la manera en que los artistas promocionaban sus espectáculos. Su vida estuvo marcada por la pasión, la dedicación y la habilidad para cautivar a las masas, haciendo de él un pionero en el arte del marketing y la publicidad en su época.

Desde sus humildes comienzos en el mundo del espectáculo, en teatrillos baratos y ferias de atracciones como la de Coney Island (Nueva York), Houdini comprendió la importancia de generar interés y expectación en torno a sus actuaciones. Una de las formas en que innovó la manera de publicitar sus espectáculos fue a través de la creación de su propio personaje público, creando una imagen de marca sólida. Se presentaba a sí mismo como "El Rey de las Cadenas" y utilizaba una estética distintiva, con trajes elegantes y una personalidad carismática en el escenario: la de un misterioso prestigitador, un superhéroe capaz de realizar hazañas imposibles y escapar de cualquier situación, y un gran cruzado en la persecución del fraude de ocultistas y espiritistas.

Su fama fue creciendo y también el alcance de sus tours, que ya comprendían el vasto territorio de Estados Unidos. Una de las estrategias publicitarias más características de Houdini era desafiar, a su llegada a cada ciudad, a las autoridades locales (por ejemplo el alcalde del lugar) a que lo encadenaran, esposaran o encerraran en cajas fuertes, celdas de prisión y otros dispositivos aparentemente impenetrables: ¡lo que hoy sería un *challenge* viral!. Houdini proclamaba que sería capaz de escapar sin dificultad. Estos desafíos se convertían en eventos mediáticos y atraían la atención masiva de la prensa y el público, además de gran publicidad para sus shows.

Houdini también fue pionero en el uso del merchandising y la comercialización de su imagen. En sus shows vendía productos como juegos de magia, candados y esposas, que estaban relacionados con sus actos de escapismo. Además, publicaba regularmente artículos y libros sobre magia, lo que le permitía generar ingresos adicionales y mantener su nombre en el candelero.

Además de sus proezas físicas, Houdini comprendió el poder del marketing de guerrilla mucho antes de que el término fuera acuñado. Utilizaba una combinación de carteles llamativos, anuncios en periódicos, las ya mencionadas demostraciones públicas y buenas relaciones con la prensa para mantener su nombre en boca de todos. Sus espectáculos se convirtieron en eventos sociales y mediáticos, y su capacidad para generar publicidad gratuita a través de la realización de hazañas cada vez más asombrosas contribuyó enormemente a su fama y éxito. Houdini mantenía una estrecha relación con los periodistas y les proporcionaba historias interesantes y exclusivas sobre sus hazañas, Incluso organizaba eventos exclusivos de prensa para mostrar sus habilidades y desafiar a los periodistas a encontrar cualquier truco o engaño en sus actos.

Esta asociación simbiótica le permitía mantener su imagen en el centro de atención y controlar en gran medida la narrativa que se construía en torno a su persona y su carrera. También aprovechó el poder de la radio y el cine para llegar a audiencias aún más amplias, transmitiendo sus actuaciones en vivo y participando en películas que capturaron la imaginación del público en todo el mundo.

En resumen, Houdini fue mucho más que un ilusionista extraordinario. Fue un innovador en el campo del marketing, utilizando tácticas vanguardistas para promocionar su marca personal y generar interés en sus actuaciones. Su capacidad para generar controversia, aprovechar los medios de comunicación y crear una imagen de marca sólida lo convirtieron en una figura icónica en el mundo de la magia y el entretenimiento. Hasta el día de hoy, su legado perdura y su influencia en el ilusionismo y el show business continúa siendo relevante.

Leches en el podio

La 500 Millas de Indianápolis es una de las carreras de automovilismo más famosas y prestigiosas del mundo. Cada año, los pilotos luchan por la gloria en el óvalo de Indianápolis, pero lo que quizás llame más la atención no es la velocidad vertiginosa ni los adelantamientos emocionantes, sino la peculiar tradición que sigue viva hasta el día de hoy: el ganador de la carrera celebra su victoria bebiendo leche.

En lugar de estallar botellas de champagne como en otras competiciones, en la Indy 500 se opta por una humilde botella de leche como símbolo de triunfo. Es una tradición que ha sido parte integral de la carrera desde hace décadas y que ha pasado por diversas transformaciones a lo largo del tiempo.

La historia de esta curiosa tradición se remonta a 1936, cuando el piloto Louis Meyer se consagró campeón por tercera vez en la carrera de las 500 Millas de Indianápolis. Después de la extenuante carrera, en lugar de champagne o cualquier otra bebida alcohólica, decidió tomar un vaso de suero de leche (buttermilk).

Al ver esa fotografía en el periódico, un ejecutivo de la poderosa Asociación de Ganaderos de Indiana vio una oportunidad única para promocionar la industria láctea, vital para el estado todavía hoy (en la actualidad hay unas 700 empresas productoras de productos lácteos en Indiana, siendo uno de los sectores más importantes del tejido empresarial del estado). La agrupación de ganaderos comenzó a hacer lobby para que la tradición de celebrar con leche se hiciera oficial en las futuras ediciones de la carrera, y que a la llegada y en el pódium hubiera botellas frías de leche disponibles para el ganador. A partir del siguiente año la celebración con leche se convirtió en una parte integral de la carrera y se pactó que al ganador se le entregaría una botella de leche fresca para celebrar su victoria en el Victory Lane.

La tradición se mantuvo durante varios años, pero tuvo un breve receso durante la Segunda Guerra Mundial, cuando la competición se suspendió. Cuando se retomó, el entonces presidente del circuito, Wilbur Shaw, decidió cambiar el protocolo y reemplazar la botella de leche por agua mineral servida en una copa plateada. Esta variación duró sólo hasta 1955, cuando Shaw perdió la vida en un trágico accidente de avión. La Asociación de Ganaderos de Indiana redobló entonces sus esfuerzos para retomar la tradición de la leche, ofreciendo además un incentivo económico para asegurar la jugada: 400 dólares al ganador y 50 a su mecánico jefe, siempre que se viera al piloto bebiendo leche en el podio (actualmente la cifra se ha elevado a 10.000€ para el ganador). A partir de entonces, la celebración con la leche ha convertido en una parte importante de la campaña de imagen de la Indy 500 y en una foto que no puede faltar cada año, la del piloto ganador bebiendo de la botella, o directamente empapándose en leche.

Como parte de la campaña publicitaria previa, cada año la IndyCar hace pública la lista de preferencias de cada uno de los 33 pilotos participantes en cuanto al tipo de leche que desean beber en caso de ganar. Las opciones incluyen leche entera, suero de leche, leche semidesnatada y leche desnatada. La elección personal del piloto se respeta y, si gana, se le entrega una botella helada del tipo de leche elegido en el Victory Lane. La leche proviene de plantaciones locales y cada año se seleccionan dos ganaderos de Indiana para hacer entrega de la icónica botella al ganador: el llamado "Rookie Milk Man", tiene el honor de llevar la leche al jefe de mecánicos y al dueño del equipo ganador. Al año siguiente, el "Rookie Milk Man" pasa a ser el "Veteran Milk Man" y es el encargado de entregar personalmente la botella de leche al piloto ganador en el Victory Lane.

Sin embargo, no todo el mundo ha respetado la tradición de la leche en la Indy 500. En 1993, el piloto brasileño Emerson Fittipaldi decidió hacer un poco de publicidad para la industria cítrica brasileña, en la que tenía intereses económicos. En lugar de celebrar con la icónica botella de leche, Fittipaldi sacó una botella de zumo de naranja. La controversia estalló y tal fue la lluvia de críticas que Fittipaldi tuvo que disculparse públicamente por su acción.

Desde aquel incidente, nadie se ha atrevido a desafiar la tradición láctea de las 500 Millas de Indianápolis. Así que la próxima vez que el lector vea la foto de un piloto alzando una botella de leche en el podio de las 500 Millas de Indianápolis, sabrá que no se trata solo de una excentricidad, sino de una arraigada tradición nacida del marketing para la promoción de los ganaderos locales, que ha resistido el paso del tiempo hasta convertirse en un elemento más de la carrera.

Publicidad a la soviética

En la Rusia de los años veinte, los nuevos recursos estéticos desarrollados por los movimientos artísticos de vanguardia comenzaron también a empapar el diseño gráfico publicitario, demostrando el alto nivel de sus creadores. Así por ejemplo, dos figuras destacadas del arte y la literatura como son el poeta Maiakovsky y el escultor y pintor Ródchenko incursionaron en el mundo de la publicidad creando su propia agencia: la «Mayakovski-Ródchenko Advertising- Constructor». Aunque en aquel entonces la sociedad soviética no se caracterizaba por su consumismo en masa, estos estetas de la publicidad encontraron durante unos años la posibilidad de poner sus ideas al servicio del marketing.

Juntos, la dupla Mayakovski- Ródchenko produjo más de 150 piezas publicitarias, utilizando composiciones e imágenes llamativas junto a eslóganes cortos, directos y funcionales en campañas dirigidas a millones de rusos que eran en su mayoría todavía analfabetos. Este movimiento fue conocido como constructivismo ruso, un arte comprometido con la revolución que fusionaba propaganda, diseño, ingeniería y publicidad, entre otros aspectos. Representaba un arte dinámico que fomentaba la experimentación más audaz, pero esta libertad creativa fue abruptamente truncada por la imposición del "realismo socialista" como corriente estética por parte del gobierno, así como la paulatina prohibición del libre mercado capitalista. Uno de los carteles más emblemáticos y conocidos de Ródchenko retrata a Lilia Brik, conocida como "la musa de la Vanguardia Rusa", vestida con un pañuelo de obrera y gritando enérgicamente: "¡LIBROS!". Su innovación y eficacia en publicidad eran sin precedentes, y este nuevo lenguaje visual se difundió pronto por todo el mundo, influyendo muchísimo en la publicidad propagandística posterior, desde la España republicana hasta la Alemania nazi.

Ya con Stalin en el poder, la Unión Soviética dió inicio a las emisiones televisivas regulares en 1938, y un cuarto de siglo después, en medio de la efervescencia comunista, la Rusia de Brezhnev encontró tiempo para experimentar con la creación de anuncios publicitarios en televisión, pero por supuesto, con un toque propio.

La Agencia de Publicidad Estonia (Eesti Reklaamfilm, abreviatura ERF) fue una agencia de publicidad activa desde 1967 hasta los años 90, que promovió productos en la Unión Soviética. Durante sus casi treinta años de existencia produjo más de 6,000 anuncios. Para nuestra sorpresa, un dato: muchos de estos productos eran inexistentes: no importaba que ayudaran a vender el producto, ni siquiera que existiera o no lo anunciado, bastaba con que sirvieran de escaparate de la capacidad productiva soviética.

La agencia fue fundada por Peedu Ojamaa, quien anteriormente se había distinguido como productor de vídeos de noticias y documentales de propaganda del régimen. Después de que Leonid Brezhnev ordenara que todas las empresas soviéticas debían gastar el 1% de sus ingresos en publicidad, Ojamaa encontró una mina de oro sobre la que cimentar su negocio: en su primer año de existencia, produjo 130 anuncios para televisión. Los productos se representaban de manera que parecían el culmen de la innovación. *'Es fácil de usar'*, dice un actor en un comercial sobre margarina. *'¡Solo úntalo en una rebanada de pan'!*

La Eesti Reklaamfilm era la agencia más solicitada del país y por tanto depositaria del presupuesto publicitario de muchas de las industrias rusas, pero por ley, no podía dar beneficios. En consecuencia, tenían tanto dinero que gastar que acababan empleándolo de cualquier modo, haciendo rodajes de lujo para cualquier tipo de producto, incluso aquel cuya fabricación estaba en ciernes o era tan sólo un prototipo. Por ejemplo, un spot de tapas de váter de última generación grabado en el desierto, con un montón de modelos e impresionantes jeeps, mostraba así un producto que en realidad nunca llegó al mercado. Los directores de la agencia, con tanto dinero de por medio y obligados a gastar por encima de sus necesidades, acabaron buscando las localizaciones más paradisiacas y lejanas para disfrutar personalmente de los rodajes. Por otro lado, los dirigentes de las diferentes industrias estaban obligados a gastar ese dinero, así que si no había producto que anunciar, bien estaba que la ERF hiciera un anuncio sobre un producto por venir (aunque ambas partes supieran que ese producto jamás llegaría).

Bajo la dirección de Ojamaa, la Eesti Reklaamfilm se convirtió en una agencia próspera que produjo miles de comerciales sobre productos que las compañías estatales producían, o no producían ni tenían intención alguna de producir: Desde coches o pollo picado a saunas portátiles de aire caliente, o un delirante vehículo anfibio familiar lancha-moto de nieve.

En una sociedad carente de competencia como la soviética, los anuncios tenían un objetivo completamente diferente al de los países capitalistas. En lugar de convencer a la gente de preferir un producto/marca en particular por encima de su competidores, estos anuncios buscaban proyectar una narrativa de abundancia en una población acostumbrada a la escasez. En otras palabras, la publicidad soviética trataba de crear una ilusión de bienestar en un entorno de carencia. Pero dejemos claro que la gente de la URSS no era estúpida. Sabían exactamente lo que se podría encontrar en el mercado y lo que no. Desde afuera, podría parecer que este tipo de publicidad de productos inalcanzables podría molestar a la población soviética, pero en realidad ocurrió lo contrario. Los ciudadanos soviéticos comenzaron a disfrutar del valor entretenido de los comerciales: a diferencia de en las sociedades capitalistas donde la gente se toma un descanso durante el corte comercial, en la Unión Soviética, los espectadores los esperaban.

Era la mejor representación de la fantasía: los anuncios alejaban a los ciudadanos soviéticos de las colas interminables para conseguir gasolina y los estantes casi vacíos de los supermercados y los transportaban a un mundo hacía buen tiempo, reinaba la alegría y las mujeres eran hermosas (como en casi erótico anuncio del anuncio de helado 'Pinguin'). Los anuncios soviéticos simplemente ignoraban la idea de vender un producto: los propios anuncios eran el producto a consumir.

La prodigiosa producción de ERF atrajo atención internacional y en 1985 fue invitada al festival de publicidad de Cannes, donde obtuvo el León de Bronce por un anuncio sobre el ahorro de energía en el hogar (algo que en realidad estaba muy abajo en la lista de prioridades en la Unión Soviética, ya que en esos momentos eran el mayor productor mundial de energía y el segundo mayor exportador).

El tren de ingresos ilimitados de ERF, sin embargo, se detuvo abruptamente cuando la economía planificada colapsó y la URSS se disolvió en 1991. La agencia de publicidad no pudo hacer frente al recién liberado libre mercado y quebró. Ojamaa falleció en 2014. De los casi 6000 cortometrajes comerciales filmados, solo el 5 por ciento, unas 300 películas, fueron conservadas. Algunos de los anuncios que forman parte de este sorprendente legado, original retrato de un régimen, puede todavía encontrarse en internet, para el lector que quiera asomarse a la ventana de una época y lugar que nunca vivió.

Un lince tranquilo

En abril de 1960, la revista *Life* publicó un artículo sobre un nuevo e innovador método que se estaban utilizando para tranquilizar a un dingo y un lince que estaban teniendo problemas de adaptación en el zoológico de San Diego. En una imagen de la revista, el lince parecía tan feroz como debería ser un gran felino. En la otra, parecía transformado y se le mostraba oliendo una florecita. El autor explicaba en el texto que el dingo se había calmado igualmente, dejando que el cuidador lo acariciara, y que esta maravillosa transformación en el estado de ánimo de los animales ocurrió después de que se les administrara un nuevo tranquilizante llamado Librium: *"Lo más importante es que no experimentaron aturdimiento hasta el punto de estar somnolientos, sino que permanecieron activos, con una coordinación muscular completa, y aparentemente conservaron todas las facultades".*

El artículo mencionaba, de pasada, como si ese no fuera realmente el punto principal de la historia, que las bondades del Librium también serían pronto de aplicación en humanos, pues estaba a punto de salir *"a la venta (solo con receta) en todo Estados Unidos, con evidencia alentadora de que tendrá el mismo efecto en el 70% o más de humanos ansiosos, tensos y hostiles como lo tiene en los dingos".*

Y así, el público estaba siendo preparado para dar la bienvenida al Librium, un medicamento que se convirtió en un tranquilizante de gran popularidad en los 60, precursor del Valium. La compañía farmacéutica detrás de Librium, Roche, gastó 9 millones de dólares en 1960 para apoyar su comercialización, y el hombre responsable de hacer que el gran público conociera (y solicitara a sus médicos) este medicamento fue Arthur Sackler, cabeza de una dinastía que a la postre sería responsable de la fabricación y distribución a gran escala de la mayoría de opiáceos farmacéuticos vendidos en EE.UU. y gran parte del mundo.

Aunque Arthur Sackler se formó como médico, acabó dejando una gran huella en la industria farmacéutica como empresario. En su juventud, Sackler comenzó a trabajar en la agencia de publicidad McAdams, en la división dedicada a los medicamentos. Su éxito fue tan rotundo que poco a poco fue ascendiendo en el escalafón hasta terminar como director de la compañía, a la vez que McAdams se convertía en una de las agencias de publicidad más importantes de Nueva York. Junto con otra agencia rival (de la que Sackler también tenía participación a través de testaferros), fueron pioneras en la publicidad de medicamentos moderna. Se podría decir que Sackler inventó la idea de que los medicamentos con receta también podían tener una publicidad atractiva, y dirigida al cliente final, el paciente, expandiendo los anuncios antes restringidos a publicaciones médicas, hasta los medios consumidos por el gran público.

En la década de 1960 el lanzamiento de nuevos productos farmacéuticos en EE.UU. estaba supervisado férreamente por la Agencia Americana del Medicamento (FDA), que aplicaba restricciones muy estrictas en lo que se refería a la promoción. Sin embargo, con este tipo de estrategias de comunicación, la agencia de publicidad McAdams encontró una manera ingeniosa de dar a conocer Librium al gran público a pesar de las limitaciones legales.

Los Inicios de Librium supusieron una gran esperanza para los pacientes con ansiedad. En los años 50, la investigación farmacológica avanzaba rápidamente, y los suizos Roche se encontraban en pleno desarrollo de este medicamento, que se perfilaba como un tranquilizante seguro con el potencial de aliviar la ansiedad y el estrés, lo que lo convertía en una herramienta muy valiosa para médicos y psiquiatras, y un gran avance en el campo de la medicina (recordemos que en aquella época un tratamiento frecuente para personas con trastornos psicológicos y emocionales era el electroshock).

Sin embargo, la pregunta clave para Roche era cómo dar a conocer Librium en un mercado donde las regulaciones sobre publicidad de medicamentos eran cada vez más estrictas.

La campaña de McAdams con el lince sedado en el zoológico pasó a la historia como un ejemplo de cómo las empresas pueden sortear obstáculos en su comunicación sin romper las reglas de manera directa. El impacto de esta campaña de marketing encubierta fue impresionante. La gente comenzó a hablar del misterioso "remedio" que había convertido a un lince en un gato doméstico, y la conexión con Librium se hizo cada vez más evidente para quienes buscaban alivio para sus propias tensiones y ansiedades.

Las ventas de Librium se dispararon, y pronto se convirtió en uno de los medicamentos más populares en Estados Unidos para el tratamiento de trastornos psicológicos. McAdams había logrado lo que parecía imposible: promocionar un medicamento sin mencionarlo directamente en un mercado regulado de manera estricta. La campaña de marketing de Librium de McAdams dejó una huella indeleble en la industria farmacéutica y en el mundo de la publicidad. Demostró que la creatividad y la astucia podían abrir puertas donde las regulaciones parecían cerrarlas. Además, marcó el comienzo de una era en la que las compañías farmacéuticas se esforzaron por encontrar formas innovadoras de llegar a los consumidores sin violar las restricciones publicitarias.

Si bien fue un movimiento pionero, a posteriori también planteó muchas preguntas éticas, pues por desgracia, esta historia no acaba aquí. En las siguientes décadas se continuó bombardeando a doctores y público final con agresiva publicidad sobre nuevos medicamentos, muchas veces obviando avisar de importantes efectos secundarios o incluso de la peligrosa adicción de algunos de ellos. Hubo pruebas de que algunas empresas farmacéuticas relacionadas con Sackler "compraron" a la dirección de la Agencia del Medicamento para que hiciera la vista gorda respecto a algunos nuevos lanzamientos. Se promovió el uso indiscriminado de medicamentos apremiando a los doctores a recetar por encima de las necesidades reales del paciente. Muchos usuarios legítimos de medicamentos analgésicos acabaron desarrollando una drogodependencia de esos mismos medicamentos, debido a la extensión innecesaria de su tratamiento por parte de sus doctores. Todo esto desencadenó en EE. UU. una enorme demanda de opiáceos y recetas médicas que propiciaron su mal uso, creando un enorme problema de adicción a nivel nacional que se extiende hasta la actualidad y se ha cobrado miles de vidas hasta hoy.

En retrospectiva, el ejemplo de la estrategia de marketing de Librium de McAdams subraya la importancia de equilibrar la innovación publicitaria con la integridad ética, un recordatorio de que, en la búsqueda del éxito comercial, es fundamental mantener la transparencia y la honestidad con los consumidores.

Cubierta de la Guía Michelín, edición 1929

Publicidad de Gillette en la Primera Guerra Mundial

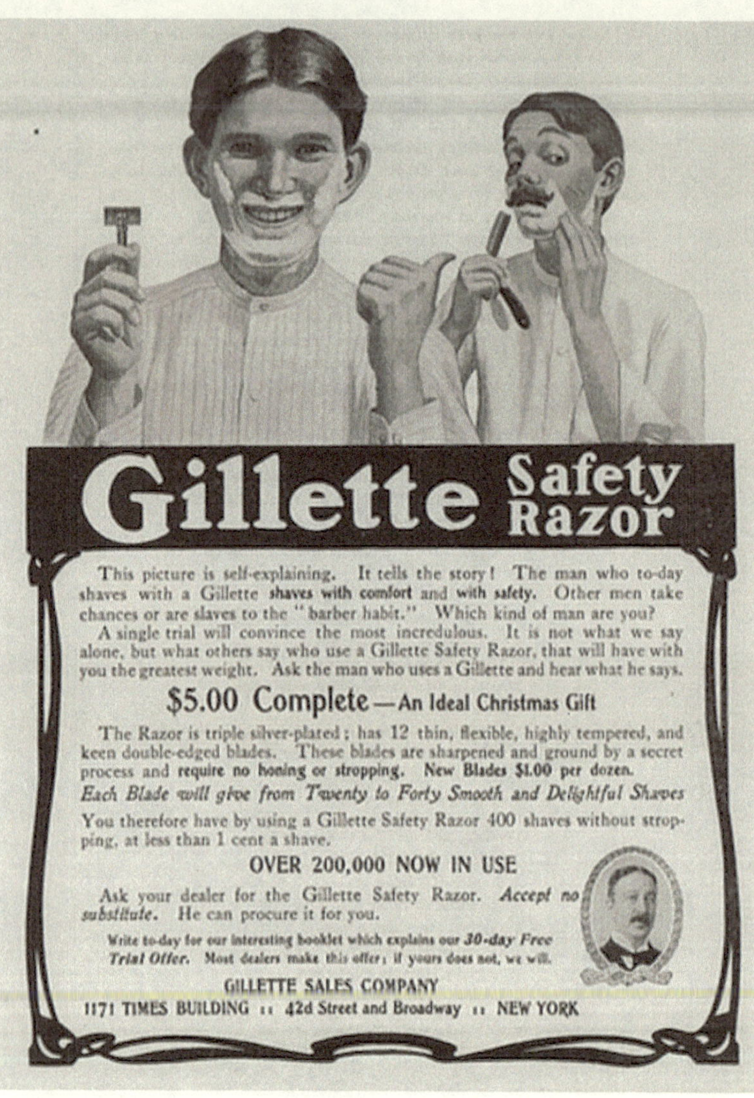

1Pieza publicitaria de la navaja de afeitar de seguridad, patentada por Gillette

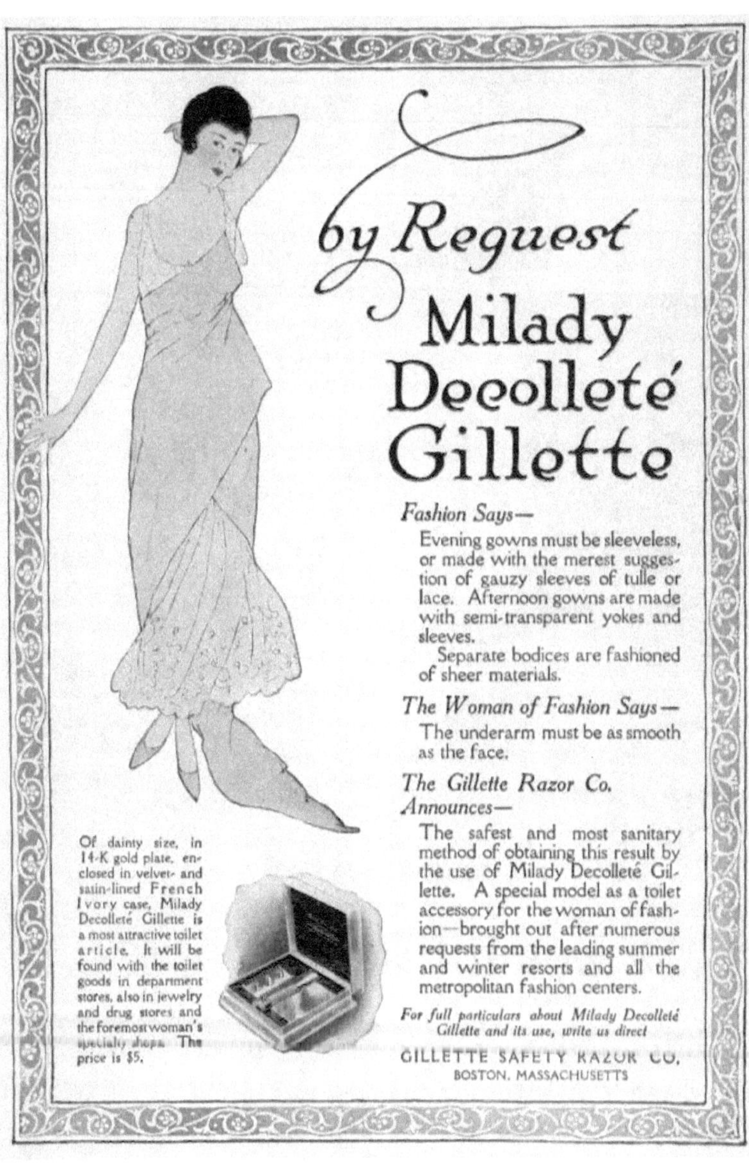

Publicidad de la cuchilla de afeitar para mujeres, Milady Decolleté, de Gillette

Publicidad de los pañuelos de papel Kleenex, con su uso original (circa 1924)

Publicidad posterior de Kleenex (circa 1930) con el uso que encontró mejor respuesta en el mercado

Lamborghini 350 GTS (1960), una de las primeras creaciones de Lamborghini como fabricante de automóviles

Fotograma de "Vacaciones en Roma" (1953), con la Vespa que la película hizo icónica

Cary Grant en una de las escenas con el nuevo modelo de teléfono Bell

Camilo José Cela y su chófer, en una de las paradas de su viaje

Portada del libro "Nuevo Viaje a la Alcarria", publicado en 1986

Publicidad de uno de los famosos "gimmiks" de William Castle

Sony Walkman WM- 28, década de los 80

Eduardo y Wallis con Hitler y otros altos mandos nazis

Fotograma del anuncio de la ERF para el Helado "Pinguin"

Houdini, 1899

El piloto Dan Wheldon bebiendo leche tras ganar en Indianapolis - cc Greg Hildebrand

Cartel diseñado por Alexander Rodchenko en 1924 para promover la editorial estatal Lengiz (Leningrad State Publishing House)

Sobre la autora

Ana Calleja es una destacada profesional en el ámbito de la comunicación, con una licenciatura en Publicidad y Relaciones Públicas y un posgrado en Comunicación Corporativa. A lo largo de su carrera ha ocupado posiciones clave, como Directora de Comunicación en Nobilis y THQ, donde lideró exitosas estrategias de comunicación para videojuegos con licencia, colaborando con marcas de renombre como Disney Pixar, Marvel Entertainment, World Wrestling Entertainment® (WWE®), Games Workshop (Warhammer® 40,000™), UFC®), DreamWorks Animation y Nickelodeon.

Actualmente, Calleja es cofundadora de Ziran Communication, una agencia internacional de relaciones públicas y redes sociales con presencia en siete países. En su rol, gestiona estrategias de comunicación para una clientela diversa, que abarca sectores como el turismo, videojuegos, moda, educación, belleza y tecnología. Además de su carrera profesional, Calleja ha compartido sus conocimientos como Profesora Asociada de Cultura Corporativa e Imagen Corporativa. También es coautora del libro "*El Portavoz Corporativo: Manual de Supervivencia*".

Índice

9 788849 440274